AFRIQUE DU SUD-EST

LES MINES D'OR

DE

MANICA & SOFALA

NOTICES

HISTORIQUES, GÉOGRAPHIQUES ET GÉOLOGIQUES

Prix : 3 francs.

PARIS

COMPAGNIE DE MOZAMBIQUE

19, Rue Lafayette.

—

1892

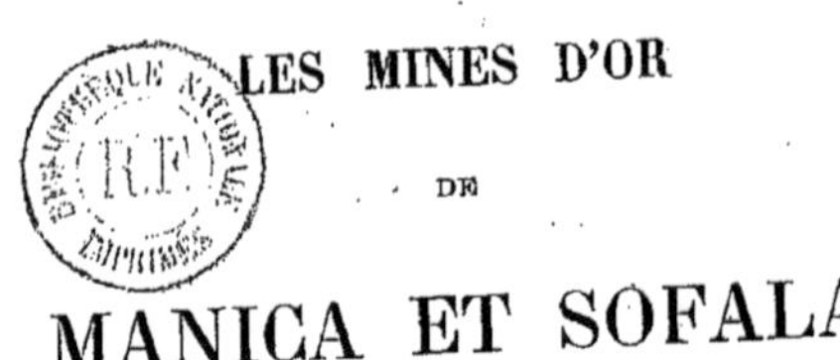

LES MINES D'OR

DE

MANICA ET SOFALA

AFRIQUE DU SUD-EST

LES MINES D'OR

DE

MANICA & SOFALA

NOTICES

HISTORIQUES, GÉOGRAPHIQUES ET GÉOLOGIQUES

Prix : 3 francs.

PARIS
COMPAGNIE DE MOZAMBIQUE
19, Rue Lafayette.

1892

INTRODUCTION

Depuis quelques années, l'Afrique est assaillie par les nations de la vieille Europe agitée du besoin d'expansion coloniale. Les pionniers de chaque État rivalisent d'audace pour être les premiers à reconnaître les régions inconnues.

Les découvertes faites indiquent que les contrées de plus grand avenir pour la colonisation européenne se trouvent vers le sud-est du continent africain. Des richesses aurifères considérables sont agglomérées dans les montagnes de cette région qui est salubre et dont le sol est très fertile.

La prospérité du Transvaal fait voir ce que seront demain les contrées voisines. Des cités florissantes ont été fondées là comme par enchantement. La ville de Johannesburg, par exemple, qui n'était qu'une ferme en 1886 et dont le nom ne figurait sur aucune carte, compte aujourd'hui plus de 30,000 habitants, et continue de se développer avec une rapidité prodigieuse.

Déjà, en 1888, la valeur des importations déclarées à Johannesburg s'élevait à 24.142.125 francs pour les marchandises générales, et à 4.013.625 francs pour les machines et accessoires. Cette prospérité s'explique par la quantité d'or extrait annuellement de ce centre d'exploitation minière. Les filons du Transvaal ont donné une quantité de métal plus grande que ceux de Californie aux meilleurs moments de son exploitation aurifère.

La production de l'or dans l'Afrique du Sud augmente graduellement chaque année. Les exportations d'or natif en poudre ou en barre, d'après les recettes des douanes anglaises des deux principaux ports de la colonie du Cap et de la colonie de Natal, n'avaient qu'une valeur de 413 livres sterling en 1871 ; elles se sont successivement élevées à £ 39.005 en 1884 ; à £ 69.543 en 1885 ; à £ 137.080 en 1886 ; à £ 236.487 en 1887 ; à £ 906.094 en 1888; et à £ 1.444.771 (plus de 36 millions de francs) en 1889. Ces chiffres ont été calculés d'après une valeur moyenne de £ 3.10 sh. l'once d'or.

Sans avoir attendu la constatation officielle de ces beaux résultats, une compagnie s'était fondée à Lisbonne pour faire reconnaître les gisements aurifères des provinces portugaises de Manica et de Sofala. C'était là, dans le massif montagneux situé vers le nord-est du Transvaal, au delà du fleuve Limpopo, que, d'après les traditions antiques, devait se trouver le gisement le plus riche du merveilleux pays d'Ophir.

Dès 1888, des ingénieurs français et les prospecteurs anglais et portugais au service de la Compagnie de Mozambique avaient reconnu les richesses aurifères alluviales et minières des environs de Manica.

La Compagnie anglaise du Sud de l'Afrique vint un peu plus tard reconnaître les masses de minéraux au pays des Matabele ; elle ne sut pas malheureusement borner son ambition à la prise de possession effective des territoires non encore occupés par les blancs ; elle vint troubler les travaux entrepris par le personnel français et portugais de la Compagnie de Mozambique. La colonisation du pays et la mise en exploitation des mines d'or de Manica ont été ainsi retardées par l'agression des agents de la British South Africa, dont l'intérêt bien compris était au contraire de vivre en bonne intelligence avec une autre Compagnie européenne travaillant avant elle à étendre l'action civilisatrice dans le Sud-Est africain.

Le conflit survenu entre le Portugal et l'Angleterre s'est enfin arrangé. La délimitation des zones respectives d'influence est faite. Chacun semble comprendre combien il est utile d'entretenir des rapports cordiaux entre blancs en présence du danger commun que la barbarie de quelques potentats nègres pourrait faire surgir.

A cette heure, tous les intéressés unissent leurs efforts pour construire le chemin de fer qui doit relier l'excellent port de Beira aux exploitations minières de Manica et qui, dans un avenir prochain, se prolongera vers les hauts plateaux du pays des Matabele, à travers les territoires qui forment le domaine de la British South Africa.

Les découvertes déjà faites et l'ouverture de la voie ferrée font prévoir, dans le pays de Manica, une ruée de chercheurs d'or, un « boom » selon l'expression de nos voisins d'outre-Manche, comme en Californie et au Transvaal.

Ce qui activera surtout le mouvement d'émigration, c'est que la présence de l'or se découvre à chaque pas dans une région réellement privilégiée de la nature sous tous les rapports. La beauté des sites alpestres, la salubrité du climat, la fertilité du sol, l'abondance des cours d'eau, la végétation luxuriante des forêts, tout concourt à l'attraction de l'Européen qui désire donner libre essor à son esprit d'initiative et satisfaire son besoin de lucrative activité.

Les Français ne négligeront certainement pas de prendre la part qui leur est offerte dans l'exploitation industrielle de cet Eldorado africain. Il semble que la France soit appelée par une tradition constante de l'Histoire à propager son influence civilisatrice dans le sud-est de l'Afrique. Le protectorat sur l'île de Madagascar, la colonisation ancienne des îles Mascareignes, le mélange de la race avec les Boërs, la fondation de missions religieuses prospères aussi bien sur les bords du fleuve Orange que dans les régions des grands lacs, sont autant de faits qui démontrent l'intérêt que les Français ont à rivaliser de zèle avec les Portugais et les Anglais pour mettre en valeur les richesses naturelles de cette partie du globe.

Les Français animés d'esprit aventureux qui vont au loin tenter la fortune ont à se plaindre bien souvent des abus de la tutelle administrative imposée par la métropole. Dans les territoires concédés par charte royale à la Compagnie de Mozambique, les règlements en usage dans les pays neufs de l'Australie et de l'Amérique sont déjà mis en vigueur et appliqués avec un esprit de large libéralisme ; personne n'y rencontre des entraves apportées à l'initiative individuelle. La colonisation européenne y est encouragée mieux que partout ailleurs par le droit généreusement accordé à l'acquisition du sol.

Les préoccupations de la politique continentale de l'Europe ne devraient plus paralyser en France l'impulsion aventureuse qui fait la gloire et la puissance de la race anglo-saxonne. L'expansion au dehors est devenue de nos jours la nécessité manifeste du progrès national.

Nous croyons remplir un devoir patriotique en faisant exactement connaître au public français les beautés et les richesses naturelles du pays de Manica et de Sofala où les chercheurs d'or des deux hémisphères vont accourir.

Paris, 1er Novembre 1892.

CHAPITRE PREMIER

LE PAYS D'OPHIR

Les exploitations aurifères du Transvaal, avec lesquelles la spéculation a joué sans mesure sur les marchés financiers de l'Allemagne et de l'Angleterre, ont ramené de nos jours l'attention du monde sur la source oubliée des richesses les plus merveilleuses de l'antiquité biblique.

Les savants de tous pays se sont demandé si les mines d'or récemment découvertes dans les régions méridionales de l'Afrique n'avaient pas été exploitées aux périodes les plus reculées de l'histoire humaine.

Les versets de l'Ancien Testament énumèrent les immenses trésors de la reine de Saba et racontent les célèbres merveilles du pays d'Ophir. Il serait difficile de déterminer avec précision la topographie des royaumes d'une époque aussi lointaine; mais il n'y a pas de doute sur l'existence de la reine que la Bible nomme *Regina Austri*, « la Reine du Midi », en plaçant son royaume vers l'extrémité de la terre.

La Bible explique également que le roi Salomon faisait construire de grandes barques à Asion-Gaber, près d'Elath, sur la côte de la mer Rouge, pour des voyages réguliers au pays d'Ophir. Les serviteurs de Salomon et de Hiram, roi de Tyr, montaient cette flotte qui partait pour trois ans vers les mers de l'extrême sud. Les navires revenaient du pays d'Ophir, chargés d'or, d'ivoire, de perles et de pierres précieuses.

Quelques géographes ont disserté sur la situation de cette terre d'or et de pierres précieuses ; quelques-uns ont proposé avec incertitude de la placer dans une contrée de l'Inde. La critique savante des faits historiques n'admet pas que le pays d'Ophir soit placé ailleurs que sur la côte d'Afrique, au sud de l'Ethiopie. Dans la paraphrase chaldaïque, la flotte de Salomon est, en effet, appelée plusieurs fois « la flotte africaine ».

La distance énorme à parcourir entre la baie septentrionale de la mer Rouge et un port situé au delà du canal de Mozambique suffirait seule à expliquer la durée d'un voyage des flottes de Salomon et de Hiram, quand on réfléchit aux difficultés de la navigation de l'époque où le marin n'osait pas perdre les côtes de vue. Les hommes compétents ont calculé, en outre, qu'il fallait réellement trois années aux navires à voiles partis du fond du golfe Arabique, pour aller à Sofala et en revenir, avec l'aide de six moussons dans l'océan Indien.

La ville de Sofala, réduite aujourd'hui à quelques huttes dominées et défendues par un vieux fort portugais, fut autrefois le port et la capitale du royaume sur lequel la *regina austri* de l'Evangile exerça sa légendaire souveraineté. L'opinion des anciens historiens juifs et mulsulmans est que la dénomination de *Sofala* dérive du mot grec *Sophira* qui ne serait lui-même que la traduction du nom d'*Ophir*. Il est à remarquer que la grande rivière qui se jette dans l'Océan non loin de Sofala est appelée encore aujourd'hui par les noirs indigènes *Sabi* ou *Sabia*, véritable nom de la reine de Saba.

L'existence des mines d'or dans le pays d'Ophir était exactement connue de l'antiquité païenne. Les provinces méridionales de l'Éthiopie qui s'étendaient jusqu'au Zambèze étaient réputées comme extrêmement riches en or et en pierres précieuses.

Hérodote raconte que le roi de ces contrées reculées de l'Afrique put montrer aux ambassadeurs de Cambyse des prisonniers perses, mèdes et égyptiens, chargés de chaînes d'or.

Le sénat de Carthage chargea le navigateur Hannon de

faire le tour de l'Afrique pour fonder des colonies dans les pays lointains où les rois de Tyr étaient allés chercher les plus beaux joyaux des trésors de la Phénicie. Hannon partit de Carthage avec une flotte de soixante vaisseaux. En faisant le récit du périple d'Hannon, le géographe Claude Ptolémée décrit les quantités d'or et de pierres précieuses qui furent rapportées par le célèbre navigateur carthaginois.

Hartmann, qui a traduit et commenté les anciennes littératures sémitiques, s'exprime en ces termes dans un passage de sa traduction latine de l'Arabie d'Edrisi : « *Omnium præstantissimum aurum in universâ Sofala regione ibi reperiri.* »

« C'est dans la région entière de Sofala que se trouve tout l'or le plus beau. »

Quels sont les pays qu'il faut comprendre dans la région entière, *universa regione* de Sofala?

L'œuvre remarquable de compilation qui a été faite par M. Henry Dupont sous le titre : « Les Mines d'or de l'Afrique du Sud, » se propose d'établir que le Transvaal actuel doit être compris dans le pays d'Ophir.

En exposant les origines des mines d'or de la contrée, M. Dupont rappelle les mêmes faits historiques énumérés ici. Il est bon de citer textuellement l'ouvrage publié pour faire apprécier comme il convient par le public français les richesses indéniables du fameux pays d'Ophir :

« On a évalué la quantité d'or tiré de ce pays par Salomon à 3.300.000 livres pesant d'or représentant une valeur moderne de 900 millions de livres sterling, ou vingt-deux milliards cinq cent millions de francs, selon le calcul d'un savant hiérographe anglais dont nous ne prétendons pas cependant garantir l'exactitude.

» Dans le Livre des Rois, l'écrivain sacré spécifie la valeur des richesses ramenées du pays d'Ophir par la flotte du roi Salomon et il cite également le chiffre des présents apportés au puissant monarque d'Israël par la Reine de Saba. On trouvera dans les notes ci-dessous les différents versets de l'Ecriture auxquels nous faisons allusion (1).

---

(1) **Richesses apportées par la flotte de Salomon**

Vers. 26. — Classem... fecit rex Salomon in Asiongaber, quæ est justa Ailath in littore maris Rubri, in terrâ Idumææ.

(Rois, Liv. III, chap. IX, vers. 26, 27 et 28.)

» Quoi qu'il en soit, un fait reste avéré, c'est la découverte par de nombreux voyageurs et missionnaires, dans cette région éminemment aurifère, de mines abandonnées et de ruines attestant l'existence d'une civilisation préhistorique qui remonterait fort au delà de l'origine des indigènes actuels du pays.

» Sur les rives de la Sabia, le voyageur admire encore aujourd'hui les vestiges d'anciennes tours et de bâtiments singuliers, d'une architecture originale et puissante, sans analogie aucune avec celle des peuples aryens ou sémites. M. J. M. Stuart, ingénieur anglais, qui a visité ces ruines et qui connaît également *de visu* celles du Colorado et du Nouveau-Mexique, trouve une frappante ressemblance entre les monuments aztèques et les ruines de Zumbo, de Manica, des rives de la Sabia et autres lieux du Sud-Est africain. Que sont devenus les peuples qui ont élevé ces constructions? Etaient-ce des Babyloniens, des Hébreux, des Egyptiens ou des Indo-Malais ? Il est impossible de le savoir. Ils n'ont point laissé de trace dans les annales humaines, et sans ces ruines mystérieuses et superbes qui défient l'usure des siècles, nul ne soupçonnerait l'existence de cette race éteinte, probablement très civilisée, mais, en tout cas, d'une habileté consommée dans l'art d'exploiter les mines.

» C'est dans cette même région que la mémoire de l'amou-

Vers. 27. — Misitque Hiram in classe illâ servos suos viros nauticos et gnaros maris, cum servis Salomonis.

Vers. 28. — Qui cum venissent in Ophir, sumptum inde *aurum quadragentorum viginti talentorum*, detulerunt ad regem Salomonem.

Traduction : *Vers. 26.* — Le roi Salomon équipa une flotte à Asiongaber, qui est près d'Elath sur le rivage de la mer Rouge, au pays d'Idumée.

Vers. 27. — Et Hiram envoya avec cette flotte quelques-uns de ses gens, bons hommes de mer, et qui entendaient fort bien la navigation, qui se joignirent aux gens de Salomon (qui étaient moins habiles).

Vers. 28. — Et étant allés en Ophir, ils y prirent *420 talents d'or* (30.000.000 de livres environ) qu'ils apportèrent au roi Salomon.

N.-B. — Sur le voyage de la flotte de Salomon à Ophir, voir *Bible et découvertes modernes*, de Vigouroux, tome III, 255-375 (chez Berche et Tralin).

Valeur de la somme donnée à Salomon par la Reine de Saba.
(*Rois*, Liv. III, chap. X, vers 10.)

Dedit (regina Saba s. e) regi centum viginti talenta auris... et aromata multa nimis, et gemmas pretiosas.

Traduction : La Reine de Saba donna au Roi *six vingts talents d'or*, une quantité infinie de pierres précieuses et de parfums.

Les Hébreux n'ont qu'un seul talent. Il vaut ou 3.000 sicles, 1.500 onces, ou 12.000 drachmes; or la drachme vaut 1 franc de notre monnaie. Donc la Reine de Saba donna à Salomon :

$$12000 \times 120 = 1.440.000 \text{ francs.}$$

reuse reine de Saba, persistant à travers les âges, s'est conservée dans la chronique scandaleuse des Arabes et parmi les Habeshs de Gondar.

» Bien plus encore, Carl Mauch, le savant explorateur allemand, n'a pas hésité à marquer, sur la carte, le point où, selon son opinion, s'élevait jadis l'ancienne cité biblique d'Ophir. Ce serait à l'intersection du 20° 15' 24" latitude Sud et des 31° 37' 45" longitude Est. Il y a là, en effet, à 4,200 pieds au-dessus du niveau de la mer, les ruines de vastes constructions, dont les murailles, hautes de 30 pieds, se composent de blocs de pierre noire taillée. »

Il est fort possible que les gisements aurifères récemment découverts dans les bailliages ou districts du Transvaal aient été exploités autrefois par les peuples qui reconnaissaient la souveraineté des rois de Sofala. La question, par exemple, n'est pas douteuse pour les gisements aurifères qui se trouvent dans les provinces portugaises de Mozambique comprises entre le Sabi et le Zambèze.

Ce ne sont pas seulement les vestiges de l'antique Sofala qui témoignent encore de la splendeur du royaume disparu d'Ophir. Il y a mille autre indices dans la région avoisinante.

C'est dans la province de Manica, à travers les massifs montagneux dont les crêtes se profilent à l'horizon même de Sofala, que l'explorateur allemand, Carl Mauch, cité par M. Henry Dupont, a marqué l'emplacement des majestueuses ruines d'une civilisation éteinte, et des anciens travaux pour la recherche de l'or.

La *Nouvelle Géographie universelle*, d'Elisée Reclus, où nous puiserons beaucoup d'autres renseignements précieux, donne sur la situation probable de l'antique pays d'Ophir des indications à l'appui de l'opinion générale qui le place dans les provinces portugaises du Sud-Est africain.

L'illustre géographe français s'exprime ainsi dans le tome XIII de ses œuvres, page 623 :

« Les plages de Sofala ont peut-être été fréquentées par les navigateurs anciens : les flottes des Phéniciens se seraient avancées jusque dans ces parages des mers orientales de l'Afrique. Là serait, d'après de nombreux auteurs, cet Ophir d'où Salomon faisait venir l'or, les bois précieux et les perles.

» Il est certain que le pays de Gaza avait déjà reçu la visite d'étrangers civilisés, bien avant l'arrivée des Portugais sur la côte orientale de l'Afrique, car ceux-ci y trouvèrent des ruines de constructions bien supérieures en architecture à tout ce que bâtissent les indigènes, et leur imagination leur représenta ces édifices comme les restes des magasins élevés par la reine de Saba pour y déposer l'or envoyé en tribut à Salomon. Depuis les premiers voyageurs portugais, l'existence de ces monuments n'avait pas été oubliée, mais de nombreux explorateurs avaient vainement cherché à les atteindre : le géologue Carl Mauch réussit le premier, en 1871, à voir ces ruines fameuses. Situées près d'un affluent occidental du Sabi, à 300 kilomètres à l'ouest de Sofala, elles consistent en débris de deux forteresses bâties en granit sur deux collines rapprochées : du milieu des orties surgit encore une tour d'une dizaine de mètres de hauteur. Mauch pense que ces ouvrages militaires surveillaient les mines des environs. Le nom de Zimbasé que lui donnaient les Portugais, celui de Zimbabyé que répètent actuellement les indigènes, ont le sens de « résidence royale ». Les dessins tracés sur les blocs de granit sont des cercles, des losanges, des lignes parallèles, des fleurons, qui ressemblent assez à la décoration des meubles cafres.

» Peut-être y avait-il parenté de race entre les habitants de Zimbabyé et les dominateurs actuels du pays de Gaza ; cependant la tradition unanime des indigènes est que des hommes blancs, « sachant tout faire », ont habité la « Résidence ». Peut-être le fameux Benomatapa ou « l'empereur du Monomotapa », c'est-à-dire le Muené Motapa ou « Seigneur Auguste » qui commandait à tous les peuples de la contrée lors de l'arrivée des Portugais sur la côte orientale de l'Afrique, était-il le descendant des rois qui élevèrent les forts de Zimbabyé et les autres constructions éparses sur le plateau, au milieu des forêts ; peut-être les sacrifices que les noirs des alentours offrent aux génies dans l'enceinte des ruines continuent-ils la tradition de grandes fêtes célébrées jadis par un souverain puissant : Mauch, qui d'ailleurs n'a pas assisté à ces cérémonies, croit y reconnaître de grandes ressemblances avec les fêtes des Juifs. Quelques débris de murs en granit, que l'on voit çà et là autour de Zimbabyé, seraient encore désignés sous le nom « d'autels ». Toutes les constructions que l'on a découvertes depuis dans la région se trouvent dans le voisinage des mines d'or. »

La dernière observation présentée par Elisée Reclus sur les traces évidentes d'une antique civilisation retrouvées près des gisements aurifères des provinces de Manica et de

Sofala, est tirée d'un rapport publié par J. Mackenzie, *Scotsith Geographical Magazine*, June 1887.

A l'appui des assertions de tous les savants explorateurs qui considèrent la région avoisinante du port de Sofala comme le merveilleux pays d'Ophir si célèbre par ses richesses dans l'antiquité, il faut encore citer l'œuvre admirable d'Elisée Reclus sur l'Afrique méridionale :

« Jadis le havre le plus fréquenté du littoral de Gaza se trouvait en dehors du bassin fluvial, sur la plage basse d'un golfe qui s'avance au loin dans l'intérieur des terres : c'est la rade de Sofala, malheureusement inaccessible aux navires d'un fort tirant d'eau. Les Portugais, qui fondèrent en cet endroit leur premier établissement entre le Limpopo et le Zambèze, croyaient réédifier la ville salomonique d'Ophir, et dérivaient de ce nom l'appellation de leur fortin, dont une tour subsiste encore ; de même, le fleuve Sabi était dénommé suivant eux d'après la Reine de Saba. Avant la découverte de l'excellent port de Bangue (aujourd'hui Beira), formé par la bouche du Pungue ou Aruangua (1), Sofala, qui d'ailleurs n'est plus le centre que d'un faible mouvement d'échanges, avait l'avantage d'être le port du littoral le plus rapproché du massif de montagnes où se sont cantonnés les Oumgoni, et du plateau de Manica, fameux par ses alluvions aurifères ; dans les sables de la plage même de Sofala on a trouvé de la poudre d'or.

» Les géologues qui ont visité la contrée de Manica n'ont encore découvert ni les rochers du massif granitique où se trouvent les veines de métal, ni les gisements de pierres précieuses où les femmes prennent leurs beaux pendants d'oreilles. La vallée dont les sables sont exploités par le lavage s'ouvre dans la partie méridionale des montagnes ; des trous de cinq à six mètres de profondeur, creusés dans les terres alluviales et parfaitement conservés, rappellent les exploitations portugaises, succédant à des travaux antérieurs, que la tradition attribue à un « peuple blanc aux longs cheveux noirs » ; on voit aussi près du bourg de Massikessé, qui fut la capitale de la province, quelques ruines de l'ancienne ville, déjà presque abandonnée à la fin du siècle dernier à la suite de « justes représailles » des indigènes révoltés, et détruite par les Zoulou. Ceux-ci massacrèrent la plupart des habitants et défendirent la reprise des travaux miniers. Une « Compagnie d'Ophir » s'est constituée pour exploiter de nouveau

(1) Elisée Reclus cite ici l'ouvrage de l'infatigable explorateur portugais C. Paiva d'Andrada, *Relatorio de uma viagem as terras dos Landins*.

les mines et rétablir l'importante « foire de Manica » qui se tenait à Massikessé ».

M. Elisée Reclus dit encore :

« La richesse future du pays consiste dans la fécondité de ses vallées : en aucune région de l'Afrique australe les terres ne sont mieux arrosées ni plus productives.

» Dans le Manica la sécheresse et la disette sont inconnues. »

Depuis la publication de l'œuvre du grand géographe français sur l'Afrique méridionale, publication qui date déjà de cinq ou six années, les explorations se sont multipliées dans l'ancien pays d'Ophir. Les rochers du massif granitique qui contiennent les filons aurifères ont été découverts. Le lecteur trouvera plus loin des documents qui indiquent les divers points où des concessions minières ont été démarquées en grand nombre pour l'exploitation des gisements aurifères.

Les découvertes les plus récentes dans les massifs montagneux d'où descendent les rivières côtières venant jeter leurs eaux près la grande baie tranquille de Sofala, ont établi d'une manière indéniable que les mines d'or de cette région, la plus salubre et la plus fertile de l'Afrique australe, ont été régulièrement exploitées durant plusieurs siècles avant la prise de possession par les Portugais.

Dans le haut du bassin du rio Busi que des navires à faible tirant d'eau comme les trirèmes des anciens pouvaient aisément remonter jusqu'au confluent du Revue, les prospecteurs français et portugais conduits par M. de Llamby, ingénieur des Arts et Manufactures, ont trouvé au mois d'août 1890 toute une montagne bouleversée de fond en comble par des travaux anciens d'une importance extraordinaire.

Voici un extrait de la lettre qui a été adressée à ce sujet par M. de Llamby à l'administrateur-délégué de la Compagnie de Mozambique à Lisbonne :

« Chua, 3 août 1890.

» Monsieur l'Administrateur-Délégué,

» Je vous confirme ma dernière lettre du 24 juillet dernier. Ainsi que je vous l'annonçais, je suis parti en prospection le lendemain, avec l'idée de retrouver la continuation des filons du Mutari, dans la vallée du Revue. Je me suis donc tenu sur la rive droite de cette rivière.

» Sur la montagne appelée Marasi qui sépare les vallées du Revue et du Zambuzi, à trois heures de marche de Chua, et à un kilomètre environ en amont d'un col qui permet de passer d'une vallée dans l'autre, j'ai découvert des travaux anciens importants. Je suis revenu immédiatement au Chua pour prendre les hommes et le matériel nécessaires pour examiner de plus près ces anciens travaux.

» Je viens de passer au Marasi toute la semaine ; j'y retourne demain, car ma présence y est absolument nécessaire. Les anciens travaux ont, en effet, une importance autrement considérable que je ne l'avais cru au premier abord. Maintenant que la paille a été brûlée et que l'on a commencé des sondages, on peut voir que la montagne, sur une superficie d'environ six hectares, a été complètement bouleversée.

» A partir de la crête, la montagne est sillonnée de tranchées parallèles entre elles. J'avais cru d'abord à l'exploitation superficielle de veines aurifères qui auraient été enlevées ; mais, ayant entrepris de déblayer en différents points ces anciens travaux, j'ai vu que non seulement il y avait eu des travaux superficiels, mais que ces dépressions étaient dues aussi en grande partie à l'éboulement de galeries plus profondes. Nos travaux de déblaiement devaient être repris à un niveau inférieur, ce qui a été fait... »

Le résultat des recherches et des expériences faites par l'ingénieur français M. de Llamby sera exposé dans le chapitre relatif aux richesses aurifères des provinces de Manica et de Sofala.

Ces montagnes bouleversées que des siècles d'oubli avaient de nouveau recouvertes de végétation, indiquent sûrement que les mines d'or ont été exploitées là avec les primitives méthodes appliquées dans l'antiquité par les Hébreux et par les Phéniciens.

En suivant la voie du Busi qui débouche tout près de

Sofala, les navires de Salomon et de Hiram ont dû remonter dans les terres au milieu de la région où les sables des rivières étaient lavés et où les filons de quartz aurifères étaient déjà découverts.

Le doute n'est plus permis. Le merveilleux pays d'Ophir de l'Ecriture sainte est retrouvé.

Il n'est pas étonnant que les hardis pionniers de toute l'Afrique australe, Anglais et Boers, soient accourus en foule dans le magnifique pays de Manica et de Sofala pour profiter des découvertes faites par les agents de la Compagnie portugaise de Mozambique.

Le gouvernement de Portugal, assailli par tant de convoitises brutales, a renoncé à la réalisation de ses légitimes espérances d'avenir d'extension africaine. Il a dû céder à la force l'empire de ces immenses territoires qui vont de la côte à la contre-côte, de l'Atlantique à la mer des Indes. Mais les droits acquis par les courageuses et savantes explorations des Païva d'Andrada, des Serpa Pinto, des Hermenegildo Capello, des Brito Capello, des Ivens et de tant d'autres vaillants Portugais, ont conservé au Portugal la plus belle perle du pays d'Ophir, les provinces de Manica et de Sofala.

La prise de possession complète de cette merveilleuse contrée et la mise en exploitation industrielle des immenses richesses qu'elle contient laissent encore aux Portugais et à leurs amis d'Europe un très vaste champ où l'esprit d'entreprise indépendante peut, avec fruit, se donner libre essor.

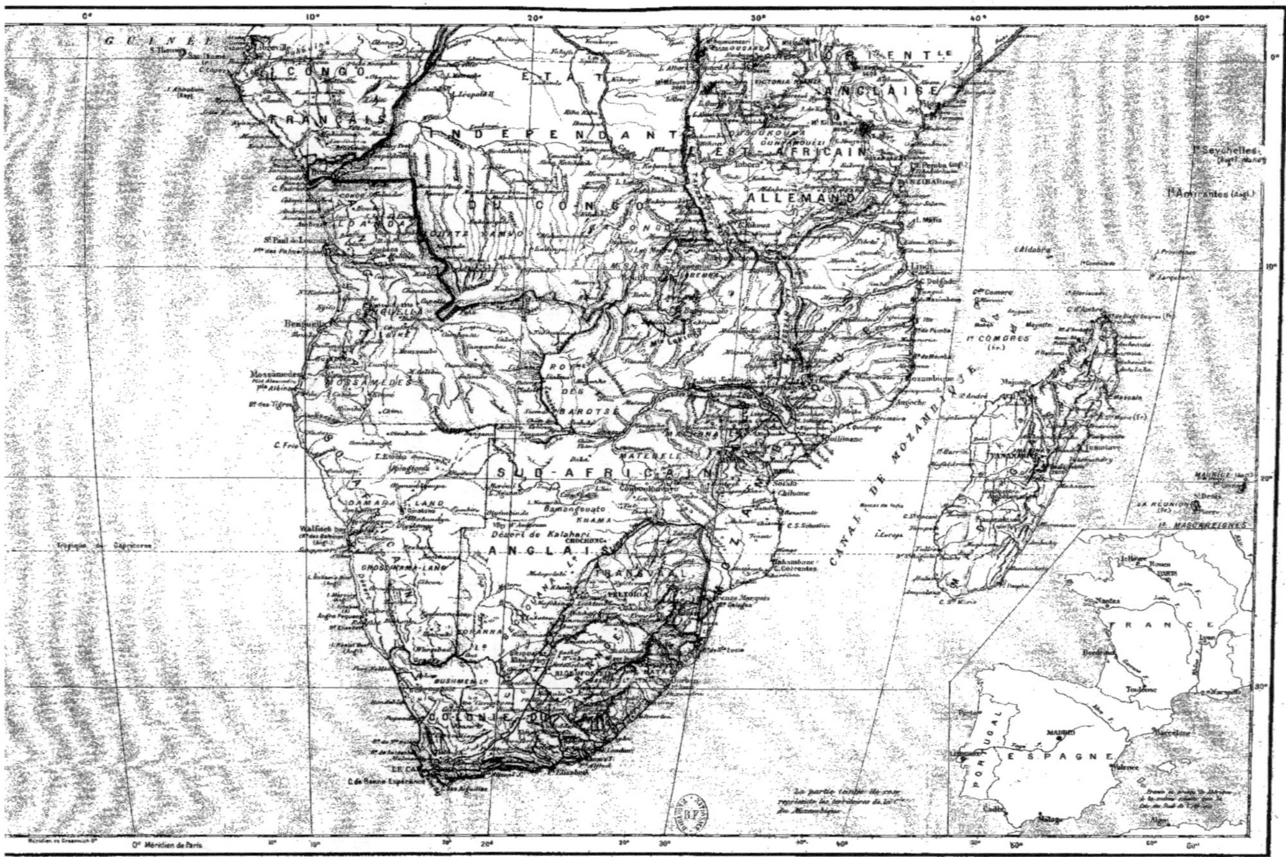
CONGO FRANÇAIS
ÉTAT INDÉPENDANT DU CONGO
ORIENTAL ANGLAISE
EST AFRICAIN ALLEMAND
SUD-AFRICAIN ANGLAIS
TRANSVAAL
Désert de Kalahari
DAMARA LAND
COLONIE DU CAP
CANAL DE MOZAMBIQUE
Iles COMORES
Iles Seychelles
Iles Amirantes (Angl.)
MASCAREIGNES
FRANCE
ESPAGNE
PORTUGAL
Tropique du Capricorne
0° Méridien de Paris

CHAPITRE II

LA COLONISATION PORTUGAISE

Le Portugal n'occupe plus qu'une modeste place parmi les puissances européennes. Le peuple portugais brillait néanmoins au premier rang à l'heure des découvertes hardies qui ont inauguré l'ère de la civilisation moderne. Nulle nation au monde n'a accompli d'aussi grandes choses relativement à sa population et à l'étendue de son territoire.

Après la conquête de Ceuta, sur la côte d'Afrique, dès 1415, le prince Henri le navigateur prit l'initiative géniale des exploitations maritimes qui ouvrirent la route des Indes et qui poussèrent aussi les caravelles de Colomb vers l'archipel Bahama dans la mer des Antilles. Le succès du Portugais Bartholomeu Diaz qui avait doublé en 1486 le cap des Tourmentes devenu bientôt le cap de Bonne-Espérance, décida la reine espagnole Isabelle, jalouse de la gloire des rois de Portugal, à fournir à Colomb les ressources qui devaient lui permettre de démontrer la sphéricité de la terre.

Suivant de près Bartholomeu Diaz, Vasco de Gama réalisait complètement la « Bonne-Espérance », reconnaissait les côtes orientales de l'Afrique, créait des établissements à Sofala et à Mozambique, étendait la domination portugaise jusque dans les Indes.

Un autre capitaine portugais, le célèbre Magalhaes, faisait à travers les océans le premier voyage de circumnavigation autour du globe. Grâce à l'intelligente hardiesse des vaillants marins du Portugal, la civilisation européenne avait appris que les mers australes de l'Orient et de l'Occident ne forment qu'un seul bassin. Grâce au Portugal, l'homme pouvait enfin mesurer la terre.

Après ces grands événements dans l'histoire de l'humanité, les provinces de Manica et de Sofala placées sous la possession portugaise ne connurent guère les transformations heureuses que la gloire de leur passé réserve certainement à leur avenir.

Les rivages longés par les premiers navires portugais pour contourner l'Afrique et aller d'Europe en Asie ne retenaient pas l'attention des explorateurs.

Les expéditions et les conquêtes avaient placé des territoires immenses sous la domination portugaise. Le champ ouvert à l'esprit d'aventure et à l'activité commerciale était trop vaste pour une nation aussi petite. Attirés en Orient par les richesses de l'Inde et de la Chine, en Occident par celles de Brésil et de l'Amérique du Sud, les navigateurs partis de Lisbonne ne songeaient pas à s'arrêter sur des terres où le trafic ne permettait pas de faire rapidement fortune. Elisée Reclus rappelle que plus d'un siècle et demi se passa avant que des Européens débarquassent sur les côtes de l'Afrique du Sud avec l'intention d'y rester et d'en cultiver le sol.

Parlant des plages du pays de Natal, au sud des provinces de Manica et de Sofala, et faisant allusion à la salubrité du climat des hauts plateaux de l'Afrique australe, le savant géographe français s'exprime ainsi :

« C'est en vain que des auteurs portugais regrettent l'abandon de ces plages par leurs ancêtres du grand siècle ; ceux-ci étaient trop peu nombreux pour embrasser le monde, pour s'occuper à la fois de la conquête des Eldorado de l'Inde, de la Sonde et de l'Amérique, et de la lente exploitation des terrains de culture dans l'Afrique australe, entre le Zaïre et le Zambèze. Cependant les colons devaient trouver un jour dans ces régions de l'Afrique australe bien plus que ne pouvaient leur donner les mines de Golconde et les épices de l'Insulinde ; la contrée dans laquelle ils s'établirent est une nouvelle Europe, offrant un climat peu différent de celui de leur mère patrie, un sol où ils cultivent les mêmes plantes et où naissent les mêmes animaux ; le milieu dans lequel ils sont entrés ressemble assez à celui du lieu natal pour qu'ils puissent en garder les habitudes et les mœurs, à la distance de plusieurs milliers de lieues et dans un autre hémisphère. La population d'origine européenne se développe lentement dans son nouveau séjour, mais le faible accroissement suffit pour qu'elle pût s'étendre peu à peu ; dès qu'elle fut aidée par une immigration régulière, elle empiéta de tous les côtés sur les terres des peuplades indigènes, et maintenant elle domine dans toute l'Afrique australe, de l'Orange au Limpopo. »

Il n'est pas douteux que les magnifiques massifs montagneux de Manica qui forment comme une Suisse au climat tempéré à proximité des plus fertiles plaines des zones tropicales, deviendront dans un prochain avenir des nids de peuplement de race européenne beaucoup plus féconds que les plateaux secs et arides du Transvaal et du pays d'Orange.

Mais les Portugais qui ont établi de nombreux comptoirs sur les bords du Zambèze et sur les plages du canal de Mozambique n'ont jamais pu s'occuper de la colonisation définitive de la contrée.

M. Paul Leroy-Beaulieu, dans le volumineux ouvrage où il traite « de la colonisation chez les peuples modernes », indique le caractère particulier de la colonisation portugaise :

« Les Portugais, dans cette expansion ininterrompue qui les porta à l'extrémité du monde, obéissaient à un esprit d'aventure qu'ils tenaient des guerres perpétuelles contre les Maures, à une avidité mercantile que le spectacle de la prospérité de Venise avait enflammée et aussi, dans une large mesure, à un esprit de propagande chrétienne que l'on retrouve dans toutes les entreprises de ces temps de ferveur religieuse. L'excès de population, le besoin ou le désir de fonder au delà des mers une patrie nouvelle, la recherche de débouchés pour les produits de leur industrie ou de leur sol, ne furent pour rien dans leurs voyages, leurs découvertes et leurs établissements. Aussi, à l'exception du Brésil, dont la colonisation est relativement tardive, ce ne furent pas de véritables colonies dans le sens étroit du mot, c'est-à-dire des établissements territoriaux destinés à être peuplés par les habitants de la métropole, ce fut une chaîne de comptoirs et de points de ravitaillement, défendus par des forteresses, qui constituent les célèbres possessions portugaises.

» Tous ces lieux qu'ils occupaient sur la côte d'Afrique étaient les différentes étapes de leurs premiers et périlleux voyages; ils étaient placés à des points géographiques qui dominaient la route commerciale d'alors : c'étaient des escales où les vaisseaux pouvaient se radouber, se mettre à couvert et s'approvisionner; c'étaient des relais, qui servaient également en cas de guerre avec d'autres puissances pour la protection des bâtiments nationaux. Les premiers navigateurs semaient la côte d'Afrique de distance en distance de pareils établissements. Quelquefois même ils n'avaient besoin d'y laisser ni garnison ni fonctionnaires. Quand ils trouvaient des îles inhabitées, ils y exposaient des cochons, des chèvres et d'autres animaux, qui, abandonnés à eux-mêmes, se multipliaient avec rapidité et servaient après quelques années à ravitailler leurs vaisseaux. Quand, plus tard, la navigation se perfectionnant, les vaisseaux de commerce cessèrent de suivre les côtes et, acquérant une plus longue haleine, purent à travers la haute mer fournir un long trajet sans s'arrêter, toutes ces stations perdirent la plus grande partie de leur valeur. Le Cap seul, qui a toujours appartenu successivement à la puissance qui dominait les mers, suffit au radoubement et à l'approvisionnement des vaisseaux allant aux Indes. Quant à tous ces points de la côte d'Afrique, ils étaient situés au milieu de populations trop barbares pour être l'objet d'un grand commerce, et les terres y étaient trop peu fertiles pour une colonisation agricole, dont le Portugal, d'ailleurs, ne sentait pas le besoin. Aussi toutes ces stations d'Afrique furent-elles bientôt très négligées : ou elles servirent de colonies pénales comme Mozambique, ou elles furent abandonnées au zèle des missionnaires qui y firent d'assez grands progrès. Il n'y a que peu d'années, Livingstone découvrait dans ses voyages aux côtes d'Angola et de Mozambique les restes de vastes édifices construits par les Jésuites, le souvenir d'un monastère de Bénédictins noirs et des peuplades qui se sont transmis l'art de lire et d'écrire qu'elles avaient reçu des religieux portugais. Quand le commerce de la traite eut pris une grande extension, les possessions du Congo et de la Guinée acquirent de nouveau une grande importance par ce trafic aussi lucratif que honteux.

» Le but de la colonisation portugaise, c'était la possession, non des Indes elles-mêmes, mais du commerce des Indes; c'était dans l'espoir de se procurer les marchandises indiennes, si rares et si recherchées en Occident, que le Portugal avait poursuivi avec tant de persévérance pendant près d'un siècle ses périlleux voyages à la recherche d'une route nouvelle. Toute la politique, toute l'administration portugaise se ramenait à ces deux points : s'assurer le commerce de l'Orient et le rendre aussi productif que possible.

. . . .

» Cette nation crut ou feignit de croire que le mérite d'avoir découvert la route du Cap lui créait un titre à la possession exclusive de tout le trafic fait par cette voie nouvelle ; c'était comme un brevet d'invention qu'elle voulait prendre : cette prétention exorbitante, elle la fit sanctionner par la plus grande puissance du temps. Dès 1481, une bulle de Sixte IV avait concédé à la couronne de Portugal toutes les découvertes faites par les Portugais au delà du cap Bayador. Une bulle plus récente d'Alexandre VI, en partageant le monde extra-européen entre l'Espagne et le Portugal, sanctionna de nouveau les prétentions des Portugais. Pendant de longues années le monopole que cette nation s'était arrogé ne fut contesté par aucune autre ; elle put à loisir organiser et développer sa puissance coloniale.

» Partout où se pouvait faire un trafic avantageux, on vit accourir les aventuriers et les marchands de Lisbonne. Ils eurent des entrepôts à Malacca pour la partie des Indes située au delà de la presqu'île, à Aden pour l'Arabie et l'Egypte, à Ormus pour la Perse et le continent de l'Asie. Ils nouèrent des relations entre leurs comptoirs d'Afrique qui leur fournissaient de la poudre d'or et l'Inde où ils trouvaient des denrées à profusion. Ils rapportaient en Europe des épiceries, des étoffes de coton et de soie, des perles et d'autres marchandises de peu de volume : ils s'étaient établis à Ceylan en 1518 ; ils eurent aussi un établissement à Camboia, puis ils rayonnèrent dans tout l'archipel de la Sonde, à Java, à Célèbes, à Bornéo. Ils étendirent encore plus loin la sphère de leur action. Grâce à leurs missionnaires qu'ils envoyaient en avant-coureurs au Japon et en Chine, ils purent établir des relations avantageuses avec ces riches contrées : ils se fixèrent à Ningpo et à Macao et ils organisèrent, entre le Japon, la Chine et l'Inde, un trafic d'une grande régularité. »

L'exposé lumineux du savant directeur de l'*Economiste français* sur le caractère particulier de la colonisation portugaise explique pourquoi les richesses de l'intérieur du merveilleux pays d'Ophir n'ont pas été encore sérieusement exploitées par des pionniers de race européenne. Dans tous leurs comptoirs établis sur la côte orientale de l'Afrique, les Portugais se contentaient d'agir en commerçants et se gardaient de prendre les allures de conquérants armés qui leur réussirent fort peu dans les Indes.

L'influence civilisatrice du Portugal dans l'immense bassin du Zambèze s'est exercée pacifiquement par des moyens de persuasion évangélique. Dans les provinces portugaises de Manica et de Sofala, les Cafres considèrent les blancs comme des êtres humains supérieurs à qui ils doivent tout naturellement obéissance. Le grand explorateur portugais, M. Paiva d'Andrada, se flatte avec raison de pouvoir traverser l'Afrique un bâton de touriste à la main; toutes les peuplades de la région du Zambèze le considèrent comme un ami sincère, comme un protecteur dévoué, et elles ne se trompent pas. Le seul reproche que l'on pourrait adresser à l'action civilisatrice des Portugais dans cette partie de l'Afrique, c'est qu'elle se soit montrée jusqu'à présent trop humanitaire, trop respectueuse des droits moralement acquis aux noirs indigènes, possesseurs d'un sol qu'ils sont incapables de cultiver et d'exploiter eux-mêmes.

Comme toutes les autres provinces portugaises d'Angola sur les côtes de l'océan Atlantique, ou de Mozambique sur les côtes de la mer des Indes, les provinces de Manica et de Sofala ont été placées jusqu'à ces derniers temps sous la dépendance complète et directe du gouvernement royal de Lisbonne. Les colons portugais des deux provinces n'avaient ni conseils élus, ni mandataires spéciaux; ils recevaient les ordres du gouverneur général siégeant à Chiloane. Le régime de tutelle politique peu favorable au rapide développement colonial s'expliquait par le petit nombre d'Européens disséminés dans ce vaste territoire et dont la plupart, négociants ou fonctionnaires, conservent des intérêts et des attaches avec la mère patrie.

Dans la région au sud du Pungue, fleuve dont le cours partage en deux parties presque égales le territoire des provinces de Manica et de Sofala, les Cafres indigènes ont gardé leur mode de gouvernement primitif, si ce n'est dans le voisinage des villes et des plantations, où les liens traditionnels de la peuplade sont bien relâchés, sinon totalement rompus.

Au nord de la rive gauche du Pungue et particulièrement dans les districts qui sont limités par la rive droite du Zambèze, l'action gouvernementale du Portugal ne s'exerçait pas directement. Le pays est divisé en grands domaines, *prazos da corôa*, que des fermiers généraux exploitent avec une véritable autorité souveraine. Ce sont les puissants fermiers des *prazos da corôa* qui perçoivent l'impôt ou *mussoco*, généralement en nature, d'environ 4 fr. 50 par cabane d'indigène, et qui se chargent de faire valoir de leur mieux les ressources de leur immense domaine.

D'après les *Estudos sobre as colonias ultramarinas* (Etudes sur les colonies d'outre-mer), par João de Andrade Corvo, l'éminent géographe Elisée Reclus raconte qu'à l'institution de ce régime, les *prazos da corôa* furent concédés pour trois générations, et l'ordre de succession devait se faire par les femmes, à condition pour celles-ci d'épouser des Européens. On espérait ainsi attirer des colons dans la contrée ; mais, bien au contraire, les propriétaires des *prazos*, devenus de puissants satrapes, vendirent comme esclaves leurs propres sujets et tout le pays se dépeupla. Officiellement le régime des *prazos* est aboli depuis 1854 ; mais il s'est maintenu sous une forme un peu différente, et la basse Zambézie est toujours concédée à quelques puissantes familles ne payant au Trésor qu'un faible revenu.

De ce rapide exposé sur la colonisation portugaise dans l'antique pays d'Ophir, il résulte que la mise en valeur de cette merveilleuse contrée n'a pas encore été tentée d'une façon sérieuse, quoique personne ne puisse mettre en doute les droits séculairement acquis de la souveraineté lusitanienne par une prise de possession réelle, quoique insuffisante.

Les Portugais ont accompli une œuvre de colonisation si belle et si grande dans le Brésil, qu'ils sont excusables de n'avoir pu étendre en même temps leur remarquable influence civilisatrice dans l'empire africain pacifiquement parcouru et conquis par leurs savants et courageux explorateurs dont l'esprit d'aventure s'allie aux plus généreux sentiments envers les races indigènes.

La soumission passagère du Portugal à la couronne d'Espagne à la fin du seizième siècle fut la principale cause du déclin de la puissance portugaise dans les mers de l'Extrême-Orient. Les Hollandais, en révolte contre Philippe II, allèrent partout sur les brisées des Portugais ; ils les firent chasser du Japon, leur firent perdre les Moluques ainsi qu'une foule de possessions en Asie, et furent sur le point de leur enlever le Brésil.

Les rois d'Espagne étaient tellement orgueilleux de leurs conquêtes et de leurs possessions en Amérique, qu'ils négligeaient complètement les comptoirs portugais de la mer des Indes. Ce sont les événements de la politique internationale en Europe qui, de tout temps, ont décidé du sort des colonies lointaines.

L'autorité portugaise fut compromise non seulement par la funeste union de l'Espagne et du Portugal, mais aussi par les tentatives oppressives du clergé catholique qui exaspéra les Indiens en introduisant l'inquisition à Goa. Les souverains et les peuples de l'Inde et de la Perse aidèrent les ennemis européens de Philippe II à détruire la puissance maritime du Portugal qui était alors la première du monde.

Le Portugal espérait redevenir l'une des grandes puissances colonisatrices en constituant un immense empire dans le continent noir, s'étendant de la côte à la contre-côte, depuis l'Atlantique jusqu'à l'océan Indien. Les efforts héroïques de la vaillante nation portugaise pour la conquête et l'exploration scientifique de ces contrées paraissaient constituer des droits si évidents aux yeux de toute la civilisation, qu'il était permis de croire que ces droits historiques seraient respectés.

Mais les richesses minérales récemment découvertes dans le district de Manica et dans les magnifiques massifs montagneux qui l'environnent ont allumé les convoitises insatiables de la grande Compagnie anglaise du Sud de l'Afrique.

L'Angleterre, qui essaime ses intrépides pionniers sur tous les points du globe, trouve tout naturel de prendre, de gré ou de force, une large part de ce paradis africain.

Dans une expédition sur les côtes de la péninsule ibérique sous le règne d'Elisabeth, sir Francis Drake s'empara d'un grand vaisseau portugais, connu sous le nom de *Carraque*, qui, armé en guerre, rapportait une énorme cargaison des Indes occidentales. La valeur du butin entassé dans ce grand navire enflamma l'imagination des marchands de Londres.

En 1593, une expédition que Walter Raleigh commandait rencontra sur la route des Indes, près des Açores, un autre de ces grands vaisseaux portugais et s'en empara : il jaugeait 1,600 tonneaux, et il fut conduit à Londres. C'était le plus grand navire que l'on eût vu en Angleterre; il était tout chargé d'épices, de calicot, de soie, de poudre d'or, de perles, de drogueries, de porcelaine et d'ivoire. On se fait une idée de l'impatience des Anglais à prendre part dans des trafics qui se présentaient à leurs yeux sous des splendeurs pareilles.

Le tempérament des Anglais ne s'est pas modifié depuis le jour où ils apprirent la route des Indes après les Portugais et les Hollandais. La découverte des richesses aurifères des provinces de Manica et de Sofala enflamme aujourd'hui l'imagination des Anglais des deux hémisphères ; ils veulent s'en emparer par n'importe quel moyen.

Cependant le Portugal ne reste pas inactif. Il a dû céder une partie de ses droits ; mais il se refuse obstinément à les abandonner tous.

Dans le remarquable ouvrage, *De la colonisation chez les peuples modernes*, déjà plusieurs fois cité, M. Paul Leroy-Beaulieu fait, à propos des convoitises inattendues de l'Angleterre sur l'Afrique australe, les sages réflexions suivantes :

« Le gouvernement portugais se préoccupe des moyens de mettre en œuvre ces vastes régions ; il fait des plans pour y construire des routes et des chemins de fer. Les capitaux malheureusement lui manquent, et aussi la force pour repousser les prétentions de l'Angleterre, si facile avec les forts, si hautaine et si intraitable avec les petits. Toute l'histoire récente du Portugal est pleine de ses démêlés coloniaux avec la Grande-Bretagne, son ancienne protectrice. La création de l'Etat Indépendant du

Congo a été un premier coup porté au Portugal. Néanmoins, il conservait l'espérance de relier, en suivant le cours du Zambèze, ses territoires de l'océan Indien à ceux de l'Atlantique. L'Angleterre, dans le traité que discutent actuellement les Chambres portugaises (octobre 1890), s'oppose à cette jonction. Puisse-t-elle faire des concessions! ce serait un devoir de reconnaissance envers la puissance qui, la première, a fondé des établissements en Afrique. Le Portugal, en continuant ses explorations dans ces contrées, en établissant son influence morale à l'intérieur, en faisant des traités avec les indigènes, en garantissant aux Européens la sécurité, pourrait attirer dans ses provinces d'Afrique les capitaux des riches pays, notamment les capitaux français. Il serait désirable que l'on vît se reconstituer dans le prochain demi-siècle un florissant empire portugais en Afrique ; cet empire pourrait s'étendre sur trois ou quatre cents lieues de long et sur six ou sept cents lieues de largeur. Il serait comme un territoire neutre entre les ambitions des grandes puissances européennes. »

Le vœu si logique de M. Paul Leroy-Beaulieu ne s'est pas réalisé. Les fortunes gigantesques fondées avec une rapidité inouïe par la spéculation sur les mines aurifères du Transvaal ont troublé trop de cervelles en Angleterre. L'empire colonial africain du Portugal est réduit à de plus modestes proportions; mais les lambeaux de territoire définitivement attribués aux Portugais dans l'immense étendue du continent africain constituent encore de vastes domaines ouverts à l'expansion coloniale européenne. Les provinces de Manica et de Sofala sont de beaucoup les plus riches possessions portugaises du Sud-Est africain ; elles sont sûrement appelées aux destinées les plus brillantes dans un prochain avenir.

La Compagnie de Mozambique, formée sur le modèle des anciennes Compagnies des Indes, s'est déjà mise à l'œuvre pour reconnaître et pour exploiter les gisements aurifères et toutes les autres richesses naturelles des provinces de Manica et de Sofala.

Fondée à Lisbonne au mois de mars 1888, la Compagnie de Mozambique occupait depuis longtemps les environs de Manica, lorsque les agents de la Compagnie anglaise du Sud de l'Afrique (*South Africa Company*) sont venus brutalement suspendre les travaux dirigés par l'ingénieur français M. de Llamby.

Les agents de la Compagnie anglaise qui s'étaient déjà emparés des pays de Matabele et de Machona avaient la prétention d'arracher également les provinces de Manica et de Sofala à la domination portugaise.

La Compagnie franco-portugaise de Mozambique fit entendre des protestations telles que l'Angleterre comprit la nécessité de ne pas exaspérer le sentiment de dignité nationale du Portugal.

Les droits acquis de la Compagnie de Mozambique ont été reconnus par le gouvernement de la reine Victoria. Une charte a été octroyée par le roi de Portugal pour concéder à la Compagnie de Mozambique l'administration et l'exploitation des provinces de Manica et de Sofala. Les capitaux français qui se disposent à donner leur concours à l'œuvre de la Compagnie de Mozambique obtiendront deux excellents résultats : celui d'être d'abord largement et sûrement rémunérés, et en même temps celui d'empêcher l'accaparement de la plus merveilleuse région de l'Afrique australe par la race des Anglo-Saxons.

Les intérêts nationaux engagés de l'autre côté du canal de Mozambique dans l'île de Madagascar, les traditions historiques de la colonisation française si prospère aussi bien dans les îles Maurice et de la Réunion que parmi les Boers où les familles d'origine française sont si nombreuses, et surtout la certitude d'un placement avantageux, tout engage les capitaux français à ne pas se désintéresser de l'avenir splendide des pays de Manica et de Sofala.

CHAPITRE III

GÉOGRAPHIE

Limites. — Les provinces de Manica et de Sofala font partie des possessions portugaises du Sud-Est africain. Elles forment un territoire d'une étendue totale d'environ 16 millions d'hectares, soit le tiers de la superficie du sol de la France.

Ce territoire est borné au nord par le grand fleuve du Zambèze ;

A l'est, par le canal de Mozambique, dans la mer des Indes, en face l'île de Madagascar ;

A l'ouest, par le district portugais de Tete dans la Zambézie, et par les possessions anglaises du Machonaland ;

Au Sud, par le fleuve du Save ou Sabi.

La région de Manica et de Sofala se trouve comprise entre le 32ᵉ et le 36ᵉ degré de longitude Est, et entre le 17ᵉ et le 22ᵉ degré de latitude Sud.

L'administration des deux anciennes provinces portugaises ayant été concédée par charte royale à la Compagnie de Mozambique, tout le pays se trouve aujourd'hui placé sous la même autorité et n'a pas de divisions politiques.

Le Littoral. — La côte du pays de Manica et de Sofala s'étend sur une longueur de 300 kilomètres environ dans l'océan Indien, en face de l'île de Madagascar.

Cette ligne de côtes qui commence au delta du Zambèze se dirige du nord-est au sud-ouest jusqu'au golfe au fond duquel se jettent les eaux du Gorongosi, devant la petite île de Boene où l'on pêche des perles. A partir de ce point, la ligne du littoral se dirige vers le sud-ouest jusqu'aux bouches capricieuses du Sabi.

En venant du nord, les navires peuvent faire successivement escale aux ports de Beira, de Sofala et de Chiloane.

Entre les bouches du Zambèze et le port de Beira près de l'embouchure des deux fleuves du Pungue et du Busi, l'Océan reçoit l'apport de petites rivières côtières.

L'excellent port de Beira, à l'embouchure du Pungue, inconnu jusqu'en 1889, a été balisé par les soins de la Compagnie de Mozambique. Le projet de chemin de fer qui reliera à la mer les hauts plateaux de la région établit la tête de ligne sur la rive gauche du large estuaire du Pungue. Le grand débouché maritime des richesses minières et des produits agricoles des pays de Manica et de Sofala devra donc inévitablement se développer entre les deux estuaires, très rapprochés l'un de l'autre, du Pungue et du Busi, qui sont deux fleuves navigables pour des bateaux de petit tonnage jusqu'à plus de cent kilomètres dans les terres.

Le mouvement du port et de la ville de Beira se développe chaque jour d'une manière extraordinaire. Au 15 juillet 1892, d'après les documents coloniaux officiels du Portugal, Beira comptait : 40 maisons d'habitation pour les agents administratifs de la Compagnie de Mozambique et les fonctionnaires du gouvernement ; 12 grands établissements commerciaux ; 18 magasins de boissons et de merceries ; 4 hôtels ; 5 restaurants ; 10 maisons de négoces divers ; 3 boulangeries ; 2 boucheries ; 4 ateliers ; 32 maisons de pension (*casas de moradia*) ; une imprimerie ; 4 agences de bateaux à vapeur, etc.

A l'heure présente, l'importance de Beira doit être beaucoup plus considérable. Les chiffres des recettes de la douane pendant les premiers mois de l'année 1892 donnent une idée exacte de l'accroissement progressif et rapide de ce port qui sera bientôt l'une des stations maritimes les plus importantes de la côte orientale de l'Afrique.

Les recettes de la douane se sont élevées à Beira (chiffres officiels) :

En Janvier	1892 à	681.348	reis
Février	—	838.676	»
Mars	—	1.507.895	»
Avril	—	2.669.789	»
Mai	—	3.238.365	»
Juin	—	5.077.584	»
Août	—	7.599.495	»

On le voit : la prospérité du port de Beira prend une extension véritablement étonnante.

Le port de Sofala se trouve au sud de Beira, à l'entrée d'une magnifique rade qui pénètre profondément dans les terres, mais qui n'est plus accessible aux navires d'un fort tirant d'eau. Sofala, qui se trouve être le port naturel le plus près du massif montagneux de Manica où les gisements aurifères abondent, avait dans l'antiquité une importance énorme. Vascó de Gama y établit un poste fortifié. On y voit encore une haute tour carrée de construction portugaise qui date de la fin du xve siècle. Le mouvement de l'océan a fait reculer le rivage, a ensablé le vieux port et a barré le golfe de Sofala. Le grand trafic d'ivoire et de caoutchouc de la région a été déplacé. Ce sont les ports hier de Chiloane, aujourd'hui de Beira, qui ont hérité de l'antique importance maritime de Sofala, jadis la capitale du pays d'Ophir et le centre commercial le plus considérable de toute la côte du Sud-Est africain. L'abondance extrême de l'or dans la vieille cité de Sofala, au moment de sa royale splendeur, se manifeste de nos jours par ce fait singulier qu'en lavant les sables de la mer près les ruines de la ville, on trouve encore avec facilité des fragments de parures d'or travaillé.

Au sud de Sofala et à l'embouchure du Gorongozi, il y a un excellent port abrité par l'île de Boene ; mais ce port sera difficilement utilisé à cause des basses terres souvent inondées qui l'entourent.

Le port de Chiloane se trouve entre le continent et l'île de même nom. Avant la découverte du port de Beira, la rade assez profonde de Chiloane recevait régulièrement la visite des paquebots portugais et anglais du service postal. Depuis plusieurs années, Chiloane était le siège du gouverneur du district de Sofala, avant la concession de la charte royale octroyée à la Compagnie de Mozambique.

Dès l'île de Chiloane commence le large delta du Sabi dont la meilleure embouchure pour la navigation est celle de Macao, un peu plus au sud.

Hydrographie. — Le fleuve majestueux du Zambèze limite au nord le pays de Manica et de Sofala. Le Sabi contourne et limite le territoire de la Compagnie de Mozambique à l'ouest et au sud. Dans l'intérieur de cette contrée particulièrement favorisée sur le rapport des pluies, trois fleuves alimentés par d'innombrables ruisseaux descendent des plateaux élevés de l'ouest pour arroser les basses plaines qui bordent le littoral : le Pungue ou Aruangua qui partage en deux parties à peu près égales de l'ouest à l'est toute la contrée ; le Busi qui reçoit les eaux du Revue et du Lusiti, deux rivières dont les alluvions sont particulièrement aurifères ; et le Gorongozi qui roule un volume d'eau relativement peu considérable, si on le compare aux voies fluviales du Busi et du Pungue.

Le Zambèze. — Par la longueur de son cours, l'étendue de son bassin et la puissance de sa masse liquide, le Zambèze est un des plus gros fleuves de l'Afrique ; on peut le classer après le Nil et le Congo. Dans son bassin supérieur, le fleuve déjà grossi par d'énormes affluents coule ses eaux tranquilles sur des paliers qui ont plus de 400 kilomètres de longueur ; mais entre la basse Zambézie et les immenses dépressions centrales de l'Afrique il existe un épais bourrelet de montagnes à travers lesquelles les eaux du Zambèze tombent de cataracte en cataracte, ou bien s'écoulent en mugissant au fond des plus pittoresques défilés du globe.

Voici la description par Elisée Reclus de la grande chute du Zambèze :

« La Mosi-oa-Tounya ou la « Fumée tonnante » par laquelle s'est écoulée la mer intérieure dont la Ngami n'est plus qu'un faible reste, offre un spectacle unique au monde. Nombreuses sont les rivières qui plongent d'un jet à une plus grande profondeur ou dont la masse croulante est d'une plus majestueuse puissance ; mais nulle part on ne voit, comme à la chute du Zambèze, un fleuve entier s'engouffrer dans un abîme étroit dont le fond reste caché par le tourbillonnement des vapeurs, et d'où la masse tumultueuse s'échappe par une fissure qu'on ne peut même apercevoir si ce n'est de quelque promontoire périlleux : le Zambèze semble s'abîmer tout à coup et disparaître dans les profondeurs de la terre. En amont de la cascade, le fleuve, large de plus d'un kilomètre, coule d'un flot tranquille entre des rives boisées ; des îles couvertes d'une riche végétation de palmiers et d'arbres feuillus entremêlés de lianes parsèment le courant ; l'une d'elles est la fameuse Garden-Island de Livingstone, dont le jardin a été depuis longtemps détruit par les hippopotames. Mais une traînée transversale de roches et d'îlots ride la nappe unie, et soudain le fleuve s'incline et plonge en plusieurs jets d'une hauteur totale d'environ 120 mètres : la paroi d'un brun sombre qui se dresse de l'autre côté de la fissure n'est en certains endroits qu'à 35 mètres en face de la cascade. La forêt d'arbres superbes qui recouvre le rocher à un jet de pierre de la chute est constamment baignée de vapeurs : l'eau ruisselle des feuilles et redescend de la falaise ; mais, arrêtée à mi-hauteur par le courant aérien qui remonte du gouffre, elle se brise et s'élève en fumée. Manquant de place dans la fente rocheuse où s'écroule l'énorme colonne d'eau, les gerbes liquides rebondissent contre les parois opposées et se rompent en masses écumeuses ; les vapeurs s'élancent au-dessus de la cascade et tournoient jusqu'à 350 mètres du sol : suivant les changements que les saisons produisent dans la puissance du fleuve, tantôt cinq, tantôt dix colonnes de vapeur ou davantage s'élèvent du gouffre, inclinées sous le vent ou montant en spirales régulières dans le ciel bleu. Holub dit qu'on peut les distinguer parfois à la distance de 80 kilomètres. De fort loin la chute s'annonce par un tonnerre continu. Livingstone, non le premier Européen qui ait contemplé, mais le premier qui ait décrit la superbe cataracte et qui lui donna le nom de Victoria-Falls, raconte que les tribus indigènes vivant dans le voisinage du gouffre n'osaient en approcher : le fracas des vagues entre-heurtées les épouvantait comme la voix d'un dieu. »

A 500 kilomètres en aval de la cataracte de la « Fumée tonnante » se trouve la capitale des établissements portugais

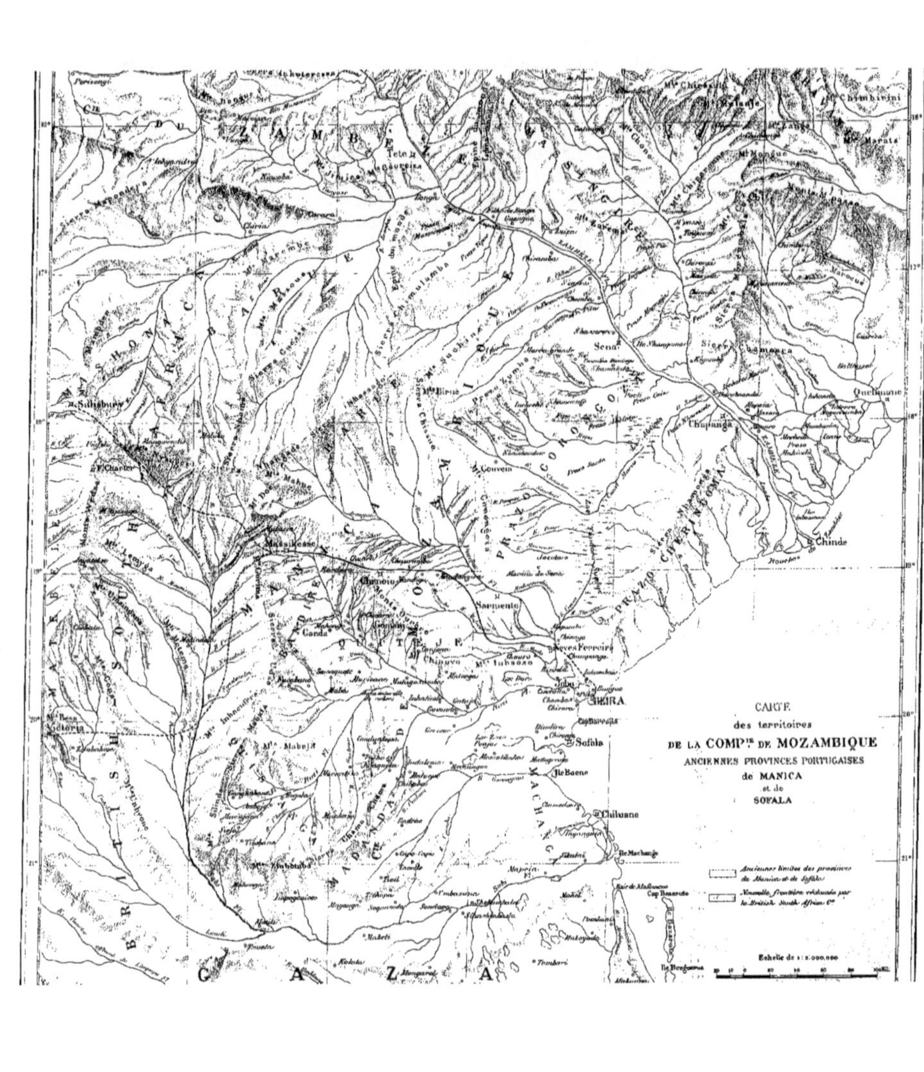
CARTE
des territoires
DE LA COMP^IE DE MOZAMBIQUE
ANCIENNES PROVINCES PORTUGAISES
de MANICA
et de
SOFALA
Anciennes limites des provinces de Manica et de Sofala
Nouvelle frontière réclamée par la British South Africa Cie
Echelle de 1 : 2.000.000
Z A M B E Z E
Tete
Sena
Quelimane
Chupanga
Chinde
Salisbury
F. Charter
Massikesse
Sarmento
Neves Ferreira
BEIRA
Sofala
Cap Sofala
Ile Baena
Chiluane
Victoria
G A Z A

dans l'intérieur du continent africain, la ville de Tete, élevée sur des collines rocheuses près la rive droite du fleuve.

A une trentaine de kilomètres au-dessous de Tete, le Zambèze reçoit les eaux de la rivière Luenha dont les sources naissent dans les massifs montagneux de Manica. Avant l'invasion des agents armés de la Compagnie anglaise du sud de l'Afrique, le cours de la rivière Luenha et de son affluent la rivière Mazoé était la délimitation entre les districts de Tete et de Manica.

A partir du point où les eaux de la Luenha se jettent dans le Zambèze, le fleuve devient jusqu'à la côte la limite des possessions territoriales de la Compagnie de Mozambique.

A vingt kilomètres environ en aval, le Zambèze pénètre dans le fameux défilé de Lupata. Citons encore l'admirable ouvrage d'Elisée Reclus sur l'Afrique méridionale. Ce sont les récits des explorateurs portugais Serpa Pinto, Gamitto, B. Capello, R. Ivens, Alfonso Moraes Sarmento, qui ont guidé l'inspiration descriptive du grand géographe français :

« La gorge où pénètre le Zambèze pour la traversée des montagnes qui continuent au nord le massif de Manica, est un défilé fameux dans l'histoire de la géographie africaine : la tradition en avait fait un passage entre des parois de marbre d'une prodigieuse hauteur et couvertes de neige au sommet. Le nom même de Lupata, qui signifie cluse ou défilé, avait été interprété comme ayant le sens « d'Epine du monde », *Spina mundi.* On y voyait l'ossature du continent..... Le fleuve, large de deux à trois cents mètres dans le défilé et de quarante mètres seulement dans la partie la plus étroite de la cluse, offre partout une profondeur de 20 mètres, libre de récifs ; les bateaux à vapeur pourraient le remonter facilement. A la sortie de la gorge de Lupata, qui a plus de 17 kilomètres de longueur, deux montagnes coniques de porphyre forment une sorte de portail, puis le courant s'étale largement entre les rives, et des îles alluviales se succèdent au milieu du flot. »

Après avoir reçu les eaux du Chiré, déversoir du Nyassa, l'un des grands lacs de l'Afrique centrale, le Zambèze prend quelquefois une largeur de 10 à 12 kilomètres. Soutenus par le vent d'Est qui souffle d'ordinaire dans ces parages, les navires de mer à la voile pourraient remonter le fleuve jusqu'au défilé de Lupata.

Élisée Reclus n'oublie pas d'indiquer que « du côté du sud, le Zambèze communique, pendant les crues, avec plusieurs rivières du pays de Gaza (c'est-à-dire de Manica et de Sofala) par une lagune de son bas-affluent, le Zangue, et par une chaîne de marigots qui se prolonge jusqu'au Pungue, sur la côte de Sofala ».

Après le confluent du Chiré, commence le delta du Zambèze. Les premiers bras sur la rive gauche se détachaient autrefois sur le fleuve de Quelimane. La ville de ce nom se trouve près d'une vaste rade fermée par une barre que des navires de plus de 2,000 tonnes peuvent cependant traverser.

De nos jours l'ouverture du chenal, au point de communication avec le Zambèze, se trouve ensablé.

Les communications ne sont rétablies qu'à la saison des pluies.

Plus bas, le Zambèze se divise en plusieurs grands bras parfaitement navigables jusqu'à la côte. Le dépôt des sables charriés par le fleuve forme des barres devant toutes les embouchures où les vagues de l'Océan se roulent et forment une ligne de brisants.

Ces barres changent continuellement de place. A l'heure actuelle, on ne peut pénétrer directement dans le Zambèze que par le port de Inhamissengo, près l'extrémité méridionale du delta, et le port de Chinde, entre Inhamissengo et Quelimane.

Depuis les nouveaux arrangements entre l'Angleterre et le Portugal, l'entrée par le Chinde et l'Inhamissengo, et la navigation du Zambèze et de ses affluents sont ouvertes aux bateaux de tout pavillon. En ce moment, plusieurs compagnies de navigation ont envoyé ou construisent des bateaux pour l'exploitation des services de transport sur ce fleuve.

Le Pungue.— Le Pungue coule de l'ouest à l'est; il prend sa source dans le massif montagneux, merveilleusement boisé, qui se trouve au nord de Manica. Dans la partie haute du bassin, le Pungue porte le nom de Rio Arangua. Les plus hautes cimes d'où descendent les torrents qui alimentent le Rio Arangua s'élèvent à près de 3,000 mètres au-dessus du niveau de la mer. Les eaux courantes sont d'une limpidité parfaite. Les berges et les terres riveraines étant couvertes de forêts et de hautes herbes, l'eau arrive en quelque sorte filtrée au thalweg des vallées de tous les affluents supérieurs de l'Arangua. Grossie à droite par les apports de la rivière Houde, dont le bassin est particulièrement riche en gisements aurifères, et d'autres rivières descendant des montagnes de Manica, et, à gauche, par de puissantes rivières, comme l'Inhasonha, qui prennent leur source dans le Barue, et dont la dernière est le Vendusi, qui ramasse toutes les eaux du versant occidental de la *Serra da Gorongoza*, la rivière Arangua a pris les proportions d'un véritable fleuve et devient alors la belle voie fluviale du Pungue.

Après un rapide qui agite le courant au pied des contreforts les plus méridionaux de la Serra da Gorongoza, le Pungue glisse dans un lit tranquille et profond ; il est navigable toute l'année pour des bateaux d'un faible tirant d'eau.

Non loin de là, sur la rive droite du fleuve, la Compagnie de Mozambique a établi un poste qui porte le nom de Sarmento et qui est la dernière étape, en amont du cours d'eau, sur la route tracée entre le port de Beira et les gisements aurifères des alentours de Manica.

En aval de Sarmento, le Pungue se divise en trois branches et forme deux grandes îles. La branche de droite prend le nom de Mucangahirne et reçoit la rivière Mutuchira qui passe au nord du mont Chirovo. La branche de gauche porte le nom de Medinguedingue et va s'unir à l'Urema, l'affluent qui est le déversoir du chapelet de lagunes et de lacs communiquant avec le bas Zambèze.

Au-dessus du confluent où les trois branches du Pungue ont de nouveau confondu leur courant, on trouve le port intérieur de Neves Ferreira, accessible aux grands bateaux fluviaux. La Compagnie de Mozambique y a construit des magasins.

C'est à Neves Ferreira que la Compagnie internationale du chemin de fer de Beira a ouvert les travaux de construction de la voie ferrée montant à Massikesse par Chimoyo. Neves Ferreira sera provisoirement tête de ligne jusqu'à ce que l'augmentation du trafic justifie la dépense de la construction du pont sur le Pungue.

En aval de Neves Ferreira, l'estuaire du Pungue s'élargit majestueusement jusqu'au port de Beira. Au milieu de la nappe d'eau, on voit des îles basses, couvertes d'arbres et de lianes, formant des fourrés impénétrables.

Les alluvions charriées par tous les affluents de la rive droite de l'Arangua ou Pungue sont plus ou moins aurifères; en explorant avec attention le parcours torrentiel des rivières dans le haut des vallées, il n'est pas rare de découvrir des pierres roulées, véritablement poivrées d'or.

La plaine arrosée par le Pungue est resserrée dès que le fleuve cesse d'être navigable. Les régions supérieures du bassin sont formées par des étages de montagnes couvertes de gazon et de bois. Tout ce pays sera bientôt colonisé et fertilisé par des agriculteurs de race européenne.

Le Busi.— Le Busi prend sa source vers l'extrémité méridionale des massifs montagneux qui se déroulent du nord au sud, parallèlement à la côte, sur la limite occidentale du pays de Manica. Les eaux du Busi s'écoulent dans la direction de l'ouest à l'est.

Les innombrables ruisseaux qui vont grossir le courant du Busi tombent, de cascade en cascade, dans les pittoresques vallons du pays de Quissanga, dont les hauteurs escarpées, à 2,500 mètres du niveau de la mer, sont couronnées de kraals.

Avant d'atteindre les basses plaines, le Busi reçoit le tribut des eaux du Lussiti, grossi lui-même par les eaux des grandes rivières de Mufomosi et de Mussapa.

Un banc de roches qui forme comme une arche naturelle entre les deux rives coupe la navigation du Busi près du confluent avec le Lussiti. A partir de ce point, le Busi devient une belle voie de communication fluviale.

Plus bas, le Busi reçoit l'apport du gros affluent le Revue dont les sources limpides naissent dans le parc féerique du pays de Manica. La région rappelle les beaux sites agrestes des Pyrénées, avec moins de dénudation dans les cimes. Les terrains ont gardé leur parure d'arbres et de gazon.

Derrière la ligne de partage des eaux entre le bassin du Busi et celui du Save ou Sabi, tout à côté des sources du Revue, se trouve la vallée du rio Mutari où les ingénieurs et les prospecteurs de la Compagnie de Mozambique ont déjà reconnu les riches filons de Rezende, de Penhalonga, de Païva, de Bartissol, de Lisboa, dont la valeur présumée se chiffre par centaines de millions.

Le versant oriental de ces montagnes précieuses doit contenir des trésors non moins grands. Les mêmes couches géologiques de roches aurifères affleurent çà et là dans tout le haut bassin hydrographique du Revue. C'est là que M. de Llamby, ingénieur français, a découvert la montagne bouleversée de fond en comble, de la base au sommet, par des tranchées et des mines que peut-être les travailleurs du temps du roi Salomon et de la reine de Saba ont creusées. C'est là que se trouve le fameux ruisseau de Chua dont le simple lavage des sables fait recueillir de grosses pépites d'or.

Le Revue, dans sa marche vers la plaine, reçoit le tribut de tous les ruisseaux qui descendent des montagnes qui divisent ce bassin hydrographique de celui du Pungue.

Du point où sa masse liquide a été grossie par l'apport du Revue, le Busi ne reçoit plus que des affluents secondaires.

Les eaux tranquilles du Busi remontent vers le nord et se rapprochent finalement de l'estuaire du Pungue, de telle sorte que le port de Beira peut servir de havre aux deux voies fluviales.

Toutes les hautes vallées du Busi sont propices à la colonisation européenne. La partie montagneuse du bassin, depuis les crêtes du mont Doé, au nord de Manica, qui s'élèvent à plus de 2,500 mètres d'altitude, jusqu'aux monts Silinda et Zinhombo à l'extrémité sud du pays, forme une région très accidentée où la salubrité du climat est aussi parfaite pour l'Européen que les terrasses naturelles les plus renommées des sites enchanteurs de la haute Italie.

Le Gorongosi. — Cette rivière est loin d'avoir l'importance du Pungue et du Busi. Les sources du Gorongosi serpentent d'abord entre les basses collines du district de Madanda. La région est à peu près inhabitée, parce que l'air y est trop sec. Les nuages qui passent poussés par les vents marins ne laissent tomber leur fardeau de pluies que sur les hautes croupes des massifs montagneux de l'intérieur qui appartiennent au bassin du Busi.

Ce n'est qu'à proximité de la côte que la rivière devient, grâce à la marée, un beau canal aux eaux tranquilles. Elle débouche dans la mer, non loin de Sofala, en face de l'île de Boene autour de laquelle se trouvent des bancs d'huîtres excellentes. Les terres mamelonnées où cette rivière prend sa source sont couvertes de fourrés inextricables à travers lesquels les naturels du pays ont ouvert à la hache d'étroits sentiers qui sont de longs tunnels sous la verdure. Les tiges des arbres et des arbrisseaux ont leur végétation étouffée, en quelque sorte, par les enlacements des lianes dont plusieurs contiennent du caoutchouc et qui se développent avec une puissance extraordinaire. Jusqu'à présent, les indigènes venus de la côte ou des districts voisins plus fertiles recueillent seuls la gomme en coupant les tiges au lieu de les entailler.

Il serait facile de créer quelques établissements industriels à demeure fixe, en creusant des puits pour avoir de l'eau. L'élimination des plantes qui ne produisent pas de gomme élastique serait rapidement obtenue par la plantation systématique des lianes d'où le caoutchouc se tire en abondance.

Il y a dans tout le pays de Madonda qui s'étend vers le sud depuis le haut Gorongosi jusqu'aux bords du Sabi, les éléments d'une exploitation inépuisable du suc végétal qui est considéré à juste titre comme une substance industrielle de premier ordre.

Le Sabi. — Le cours du rio Sabi forme la délimitation naturelle des provinces de Manica et de Sofala aussi bien au sud qu'à l'ouest. Le fleuve descend d'abord directement du nord au sud, pour tourner, à la hauteur de son grand affluent le Lunde, vers l'orient jusqu'à la mer des Indes. La région comprise entre la rive gauche du Sabi et le littoral fait partie des territoires concédés par charte royale à la Compagnie de Mozambique.

Le Sabi reçoit sur sa droite le tribut de toutes les rivières qui descendent des monts Machona : les rios Sitze, Machanga, Jantzitzi, Moteleque et une foule d'autres affluents. Sur sa gauche, à l'exception de l'Odzi, le Sabi ne recueille que des ruisseaux de petite importance par leur volume. Mais si, dans cette région, les vallées supérieures des sources du Sabi ne sont pas considérables par leur superficie, leur possession est tout de même un objet de discussions passionnées entre le Portugal et la Compagnie anglaise du Sud de l'Afrique.

C'est le rio Odzi, affluent de gauche du haut Sabi, qui a pour tributaire le fameux Mutari dont la vallée contient les gisements aurifères les plus merveilleux des environs de Manica.

Arrivé au point où il forme coude pour se diriger vers l'est, le courant du Sabi s'accroît par l'apport du rio Lunde dont les bras supérieurs s'étendent en éventail à travers des pays montagneux où l'on rencontre, de-ci de-là, des ruines de forts anciens.

La jonction du Lunde et du Sabi augmente le volume du fleuve sans le rendre navigable en toute saison. Le courant s'étend sur une largeur de deux kilomètres sans former nulle part un chenal profond.

En se rapprochant de la mer, la vallée du Sabi ne s'élargit pas, elle forme un long couloir entre les hauts plateaux boisés des possessions territoriales de la Compagnie de Mozambique et les mamelons qui ondulent la basse plaine du pays de Gaza.

Dans le delta du Sabi, les eaux du fleuve se confondent avec les eaux marines et les lagunes. Des îles se forment le long du littoral, séparées par des canaux qui sont tantôt des bras de mer, et tantôt des déversoirs d'eau douce. Le courant du Sabi reploie son embouchure parallèlement au courant marin, et s'écoule vers le nord jusqu'à Chiloane d'après la direction de la houle. Comme sur beaucoup d'autres points du littoral, la bordure maritime du delta du Sabi est une région indécise entre la terre et la mer. Les marigots s'étendent ou se rétrécissent, submergeant le sol au moment des crues ou le laissant à découvert à l'époque du bas étiage.

Le Sabi, qui a un parcours de plus de cinq cents kilomètres, ne peut être considéré comme une voie constamment navigable que sur une longueur de 100 kilomètres. Ce n'est qu'à la saison des pluies que les bateaux frétés pour le transport de lourdes machines pourraient remonter le courant jusqu'au confluent du Lunde. Excepté dans les larges plaines qui avoisinent la côte, la vallée du Sabi est très étroite sur la rive gauche, c'est-à-dire le long du territoire qui se rattache politiquement au pays de Manica et de Sofala. Mais les pentes qui s'inclinent vers l'ouest sur le versant des monts Gorima et Inhacufera et même celles plus au sud à l'extrémité de la région de Madanda, sont admirablement disposées pour la création de nombreuses fermes d'habitation européenne.

Il y a lieu de présumer que des gisements aurifères doivent se découvrir sur le versant oriental des monts Inhacufera, puisque les sources du Lussiti, dont les alluvions sont si riches, jaillissent du même massif montagneux et s'écoulent sur le versant opposé, dans le bassin du Busi.

Les découvertes de M. de Llamby et des nombreux sous-concessionnaires anglais de la Compagnie de Mozambique ont démontré la formation des mêmes couches géologiques de quartz aurifère sur les deux versants des montagnes qui forment la ligne de partage des eaux entre le Busi et le Pungue d'un côté, et le Sabi de l'autre.

La *Géographie* d'Elisée Reclus donne sur le bassin du Sabi les indications suivantes qui ne font que confirmer les renseignements que l'on vient de lire :

« Le plus grand fleuve du pays de Gaza, le Sabi, reçoit les eaux d'un vaste bassin de réception, qui s'étend du sud-ouest au nord-est des montagnes du Ma-Tebelé à celles de Manica. Sa principale source jaillit dans le pays de Ma-Chona, à plus d'un millier de mètres d'altitude. Les premières eaux descendent d'abord au sud ; mais quand le fleuve échappe à la région des hautes terres, à plus de 300 kilomètres de l'Océan, il coule directement à l'est à travers la plaine. Pendant la saison des pluies, c'est un puissant cours d'eau : son lit s'étend alors sur une largeur de deux à trois kilomètres et son courant a trop de violence pour que les bateaux puissent le remonter. Dès que la saison des sécheresses a commencé, le fleuve baisse et se restreint rapidement; ce n'est qu'une rivière de 30 mètres en largeur, et dans le milieu du courant l'eau n'a pas plus d'un demi-mètre de profondeur. Cependant le delta du Sabi est très considérable; même dans les graus des rivières voisines, au sud le Gaboulose, au nord le Gorongozi, qui peuvent être considérés comme appartenant au même système hydrographique, la courbe maritime du delta se développe sur un espace d'au moins 100 kilomètres et la superficie du territoire dans lequel se ramifient les branches fluviales dépasse 2,000 kilomètres carrés. Pendant la saison des sécheresses, ces bras du fleuve sont transformés en coulées maritimes ; les palétuviers qui croissent sur les deux rives témoignent de la salure des eaux qui serpentent dans le delta. »

Rivières secondaires. — Dans les provinces de Manica et de Sofala, il y a d'autres rivières côtières que le Pungue, le Busi et le Gorongozi dont les embouchures et les estuaires peuvent servir comme ports pour des exploitations locales.

Se confondant avec les bras de l'embouchure du Zambèze, il y a le Luabo dont l'estuaire est navigable. Cette rivière prend sa source dans les hauts vallons des monts Nhamonga dont les cimes dépassent deux mille mètres au-dessus du niveau de la mer.

Cette région montagneuse, grâce à l'abondance des eaux et à la proximité de l'Océan, est appelée à devenir très prospère dès qu'elle sera mieux explorée. La végétation y est luxuriante. De vastes forêts vierges où se trouvent les essences des bois les plus précieux s'étendent à perte de vue sur les terrasses des hautes terres. Les lianes d'une grosseur gigantesque laissent couler une gomme élastique d'excellente qualité.

En sortant de la région montagneuse qui appartient au Prazo Cheringoma, le Luabo arrose le Prazo qui porte son nom. Un affluent du Luabo arrose le Prazo Chupanga.

Des pentes orientales du massif montagneux du Prazo

Cheringoma descendent vers l'Océan d'autres petites rivières : les rios Mulambo, Tendaculo, Musungari.

Il ne faut pas oublier, dans cette nomenclature incomplète des cours d'eau qui arrosent la contrée, les nombreuses rivières qui s'écoulent dans les marigots à l'ouest du Prazo Cheringoma entre l'estuaire du Pungue et les canaux se ramifiant au delta de Zambèze.

Du magnifique massif montagneux de la serra da Gorongoza, jaillissent le rio Nhamapase et de nombreux affluents dont les eaux viennent grossir les marigots du Prazo Absinta ; et les rios Nhandue, Mecoza, Poaze et une foule d'autres petites rivières qui vont éteindre et confondre leurs courants dans les lagunes du lac Tandora Sungue.

Le climat des terrasses supérieures qui s'étagent sur le versant oriental de la serra da Gorongoza est particulièrement salubre pour l'Européen. Gouveia, résidence du commandant portugais qui gouvernait le district de Manica avant la charte octroyée à la Compagnie de Mozambique, se trouve au nord de la serra da Gorongoza au confluent du rio Inhandue et du rio Mocombeze. Les plateaux avoisinants de Gouveia se rattachent déjà au large massif montagneux qui étale ses protubérances pittoresques des rives du Zambèze à celles du bas Sabi, c'est-à-dire du nord au sud dans l'intérieur des terres des provinces de Manica et de Sofala.

Chaînes de montagnes. — Dans son ensemble, le relief du pays de Manica et Sofala fait partie de cet immense circuit de montagnes qui ont séparé jadis de l'Océan les mers intérieures du continent africain, et à travers lequel le travail séculaire de l'érosion des eaux a percé des défilés effrayants d'aspect et de bruit, comme ceux du Zambèze ou du Congo.

Non loin des îles alluviales et des fonds marécageux qui forment une bordure malsaine le long du littoral, le sol s'élève graduellement en pentes douces jusqu'aux croupes supérieures des montagnes dont les crêtes déchirent les nuages et arrêtent les pluies que les vents de sud-est et de nord-est apportent de l'Océan.

Du nord au sud, la sierra Nhangade, qui est le nœud des chaînes partageant les eaux des affluents de Zambèze, du Sabi et de l'Arangua; la sierra Gorima, d'où dévalent les riches alluvions aurifères du Revue et de l'Odzi; les sierras Inhacufera et Chama-Chama, entre lesquelles tombent en cascatelles les mille sources du Lussiti et du Busi, rattachent sans interruption la majestueuse assemblée de leurs cimes où la roche de granit dresse de toutes parts ses coupoles et ses aiguilles.

Des montagnes plus basses, les sierras Whassago, Chissno, Chimulamba qui séparent les bassins des petits affluents du bas Zambèze; la magnifique sierra da Gorongoza entre les vallée de l'Arangua et du Nhandue, la chaîne des monts Ourere, entre les bassins du Pungue et du Busi; et d'autres contreforts qui dérivent de la ligne médiane du massif pour s'abaisser vers le littoral, font un cortège imposant aux croupes et aux pics de la chaîne centrale qui se déroule à l'occident.

Pour donner des renseignements exacts et précis sur la beauté alpestre du massif montagneux de Manica, qui rappelle les sites les plus admirés et les plus frais des Apennins et de l'Atlas algérien, il n'y a qu'à traduire le texte anglais du voyage par M. Denis Doyle, lu devant l'assemblée de la Société royale de Géographie à Londres, le 29 juin 1891, et publié dans le bulletin mensuel de cette Société au mois d'octobre de la même année : *Un voyage à travers le pays de Gaza* (1).

« J'ai été invité à donner le récit sommaire du voyage que j'ai fait, en janvier dernier, de Manica à l'embouchure du Limpopo.

» La distance à parcourir était de 7 à 800 milles environ, qui fut traversée en 46 jours. Notre troupe se composait de trois hommes blancs : Dr Jameson, M. D. G. B. Moodie et moi-même, plus vingt-sept porteurs indigènes.

---

(1) Proceedings of the Royal Geographical Society and Monthly record of Geography, — October 1891. — A Journey through Gazaland, by Denis Doyle.

» Bien que la saison pendant laquelle nous entreprenions le voyage doive être considérée comme la plus mauvaise et la plus difficile de l'année, notre départ fut décidé, malgré l'avis contraire des vieilles gens du pays.

» On se mit en route le 16 mars. Laissant derrière nous la vallée où le Umtali prend sa source, et le kraal de Mutassa, bâti sur un plateau élevé, on marcha dans la direction du sud. Mais bientôt, pour n'être pas arrêtés par le courant des rivières que les crues gonflaient, nous fûmes obligés d'obliquer un peu vers l'ouest. Cette nouvelle direction nous conduisait près des sources des rivières qui, à l'exception du Sabi, purent être traversées sans danger à gué ou à la nage.

» A la fin de la première journée de marche, nous arrivâmes au kraal d'Umzimonya, ayant parcouru une belle région fertile toute mamelonnée de collines couvertes de gazon. Notre campement fut installé pour la nuit sur la cime arrondie d'une roche, au milieu de hauteurs granitiques sur lesquelles, selon l'usage de la contrée, les kraals du chef et de sa peuplade étaient construits.

» Le lendemain et le surlendemain, nous continuâmes notre route à travers une région couverte de forêts, en parcourant vingt milles environ par jour. Du sommet des montagnes dans le pays des Umgwenas, on pouvait admirer les ondulations des plaines boisées, occupées par les débris du peuple de Umtansa, dont les ancêtres du chef actuel exerçaient le pouvoir souverain sur une grande étendue de territoire que l'on appelle maintenant terre du nord de Gaza. Quelques parties de cette région montagneuse se trouvent à 5,000 pieds environ au-dessus du niveau de la mer.

» Les deux jours suivants, notre voyage se continua à travers la même région pittoresque, tantôt abondamment arrosée, de mille en mille, par des torrents rapides, tantôt coupée par des hauteurs granitiques.

» A une certaine distance, sur notre gauche, nous pûmes apercevoir le défilé de Chinanimani. La contrée, devenue alors moins abrupte, se révéla par endroits particulièrement belle. De hautes montagnes tapissées de gazon et de délicieuses vallées propres au patûrage et à l'agriculture, s'étendaient aussi loin que les yeux pouvaient voir.

» A mon appréciation, toute cette contrée est susceptible de nourrir une énorme population de race européenne. Aucune trace d'habitation n'était visible nulle part; les naturels du pays contruisent leurs kraals sur les sommets les plus inaccessibles, auxquels on ne parvient que par des sentiers connus seulement des guides indigènes.

» A partir de ce point, nous quittons les massifs de granit pour entrer dans la région des schistes. Le minéralogiste expert qui nous accompagnait, M. Moodie, déclara que les couches du sol que nous traversions, où naissent les sources du Lusiti, contenaient de l'or. La région parcourue pendant les jours suivants offrit la même physionomie. Dans les vallées supérieures du Lusiti nous découvrîmes les vestiges d'anciens travaux pour l'exploitation des gisements aurifères. Ces travaux présentent le même caractère d'exploitation primitive que ceux qui ont été découverts dans le Mashonaland et dans le Manicaland.

» En traversant les épais fourrés du pays de Shekwanda, nous commençâmes à descendre dans des régions de plus en plus basses, jusqu'à l'emplacement des habitations des Manhlagas (vieux kraal de Gungunhana) que nous atteignîmes le quatorzième jour de notre excursion. La beauté splendide de ce pays est vraiment difficile à décrire : il est propre à l'agriculture sur une superficie de plusieurs centaines de milles autour du kraal. Dans ce lieu seulement, n'importe qui reconnaissait l'autorité souveraine portugaise sur la contrée.

» En descendant d'une manière aussi brusque, des hauts plateaux que nous venions de traverser durant quatorze jours et dont l'altitude varie entre 4,000 et 5,000 pieds, dans des plaines qui ne s'élèvent pas à plus de 800 pieds au-dessus du niveau de la mer, les hommes et les chevaux eurent beaucoup à souffrir de la chaleur.

» Après avoir passé la rivière Umswilis, au déclin du jour où nous avions quitté le vieux kraal de Gungunhana, nous nous installâmes pour la nuit dans un kraal abandonné. Il y avait aux alentours une centaine d'autres kraals également déserts dont le parfait état de conservation témoignait que leur abandon était tout récent. La cause de cet abandon me fut expliquée plus tard : les tribus de Gungunhana étaient parties en expédition vers le sud pour châtier Spelanyana qui s'était révolté contre son suzerain.

» Après avoir marché toute la journée du lendemain à travers des ondulations de terrains boisés, nous arrivâmes au kraal de Senumba. A droite et à gauche du kraal nous apercevions des centaines de hautes collines dominant le Busi. Le paysage offrit à nos yeux le même caractère jusqu'à la rencontre du Sabi qui s'étale à cet endroit sur une largeur d'un mille et demi ; au moment où nous l'avons traversé, il y avait un courant très violent sur un demi-mille. Sur la rive opposée du Sabi, le pays changea d'aspect. La présence de Gungunhana dans le Sud dtivne évidente, parce que les indigènes de toute la contrée parlaient du « Roi » avec crainte et respect.

» La contrée de Shishongi, pays plat et peu accidenté, fut traversée sans grande difficulté. Après avoir passé le Sabi, le paysage devient uniformément triste ; le sol ne s'élève nulle part à plus de 300 pieds au-dessus du niveau de la mer. Le terrain est couvert de buissons et de forêts où le bois de construction abonde. A 50 milles au nord de Gungunhana, pendant la saison des pluies, on rencontre une suite de marécages si profonds qu'en certains endroits les chevaux s'enfonçaient jusqu'au poitrail.

» Laissant ensuite le pays de Mazibe, nous traversâmes de nouvelles forêts remplies d'arbres de haute futaie. Les abondantes récoltes faites en ces lieux par les indigènes indiquaient combien est grande la fertilité du sol. Bien que la plupart des récoltes ne fussent pas encore rentrées, toutes les cases que nous avons visitées regorgeaient de provisions. Dans ce district, la richesse des récoltes doit être attribuée à la grande quantité d'eau tombée durant la saison pluvieuse.

» Nous n'ignorions pas que les vastes plaines entre le Sabi et le Mazibe sont impraticables pendant la plus grande partie de l'année, à cause de la rareté des sources. Nous eûmes recours à des indigènes connaisant bien le pays pour nous procurer l'eau nécessaire pendant notre voyage.

» Gungunhana occupe un kraal situé à 300 pieds environ au-dessus du niveau de la mer, dans un site agréable et salubre. Ce kraal est installé d'après l'arrangement commun à tous les kraals des Zoulou. C'est un ensemble de huttes groupées, avec un enclos intérieur dans lequel les femmes du roi sont gardées. Gungunhana en personne a toujours été parfaitement courtois avec nous. J'appris que son armée se composait de 20,000 guerriers de pure race Zoulou ; deux mille hommes sont pourvus du fusil Martini-Henri, et le reste de boucliers et de courtes sagaies.

» De ce point au fleuve du Limpopo, l'altitude du pays ne dépasse pas 300 pieds au-dessus du niveau de la mer ; il s'y trouve de belles forêts de haute futaie, des fourrés épais de buissons, et de riantes et fertiles vallées.

» En approchant du Limpopo, le pays devient plus marécageux ; en cette saison de l'année on ne peut atteindre les rives du fleuve qu'après avoir traversé plusieurs miles dans la vase et la boue.

» Les bananes, les ananas et les autres fruits tropicaux croissent ici dans une sauvage et luxuriante végétation. L'abondance des récoltes que nous avons pu constater pendant notre excursion démontre avec évidence qu'à nulle époque de l'année les peuplades du Gazaland n'ont à craindre la famine.

» J'ai peu de chose à ajouter, mais laissez-moi vous dire en terminant que, dans toute l'Afrique, il n'y a pas de contrée plus propre à la colonisation européenne que le Gazaland du nord. Cette province est placée sous l'influence anglaise depuis le traité tout dernièrement conclu avec le Portugal. »

M. Denis Doyle, qui a voyagé pour le compte de la *South Africa* et non du gouvernement anglais, va un peu trop vite en besogne en affirmant que le Gazaland du nord, c'est-à-dire la possession portugaise de Manica, a été cédée par le Portugal.

Les plateaux élevés et salubres qui ont été parcourus par M. Doyle et ses compagnons de route appartiennent incontestablement, au contraire, aux territoires de la Compagnie de Mozambique, puisqu'ils se trouvent, non seulement sur la rive gauche du Sabi, mais encore dans les bassins hydrographiques du Busi et du Pungue.

Le récit de l'excursion faite l'année dernière par des Anglais a été intégralement reproduit pour bien établir que la partie élevée du pays de Manica et Sofala est aussi salubre pour l'Européen que le climat des contrées méridionales de l'Europe.

La publication du compte rendu de ce voyage dans le Bulletin mensuel de la Société royale de Géographie de Londres fait connaître aussi avec exactitude la fertilité extraordinaire du sol dans les basses plaines de cette partie de l'Afrique australe. Tout ce que M. Denis Doyle raconte sur les merveilles de la végétation entre le Sabi et le Limpopo donne l'image fidèle de la fertilité dans les chaudes régions du pays de Manica et Sofala comprises entre les massifs montagneux et la mer.

Vers le nord, sur la rive gauche du Zambèze, par delà les défilés fameux de Lupata, l'ossature des montagnes de Manica va se rattacher aux hautes terres du Chiré et aux chaînes côtières du grand lac Nyassa.

Après avoir décrit les beautés pittoresques, la salubrité du climat et les richesses minières et forestières du massif montagneux qui forme la saillie principale du pays de Manica et Sofala, il ne faut pas oublier, dans ce tableau orographique de la contrée, les monts Nhamonga dans l'espèce d'île formée à la saison des pluies entre le delta du Zambèze et l'estuaire du Pungue. Les monts Nhamonga dans le prazo Cheringoma forment un massif dont les crêtes dépassent 1,500 mètres d'altitude. Cette région n'a pas encore été minutieusement explorée. En passant le long des marigots des lacs Absinta et Tandora Sungue, bordure maritime intérieure de cette terre, on voit d'innombrables troupeaux de bufles, de zèbres, d'antilopes et même d'éléphants.

La région montagneuse du prazo Cheringoma, par sa proximité avec l'Océan, par la salubrité de ses hautes terrasses, par la facilité d'écoulement de ses produits agricoles, soit aux ports du bas Zambèze, soit au port de Beira, attirera certainement dans un court délai la colonisation européenne qui déborde avec rapidité des républiques sud-africaines d'Orange et du Transvaal.

Climat. — Quoique, par sa latitude, le pays de Manica et Sofala corresponde dans le continent africain de l'hémisphère austral à la température du sud de l'Algérie ou de l'Egypte, le climat moyen des territoires concédés à la Compagnie de Mozambique est beaucoup moins chaud et par conséquent incomparablement plus sain, à cause de l'élévation des terres et du voisinage des grandes mers ouvertes aux glaces antarctiques. Il n'est pas rare, on le sait, que les vents de l'extrême sud poussent, non loin de la côte du Cap, des convois de banquises et de glaçons.

D'autres causes atmosphériques contribuent à refroidir les plateaux de l'Afrique méridionale en comparaison des contrées méditerranéennes de latitude correspondante. La répartition inégale des terres et des eaux, les courants aériens et maritimes, tout concourt à élever la température dans la zone tropicale de l'Afrique du Nord. Les conditions météorologiques sont bien différentes dans le sud du même continent.

Le climat n'est insalubre pour l'Européen que près de la

côte, à cause de la grande étendue des marigots et des lagunes dont le niveau d'eau monte ou descend selon la saison. Les miasmes qui s'échappent des marécages donnent des fièvres paludéennes comme dans les régions côtières de l'île voisine de Madagascar.

Mais les émanations funestes des fonds boueux n'engendrent pas de cas de maladie mortelle. L'Européen se remet vite de l'épreuve dès qu'il se réfugie sur les terrasses élevées de l'intérieur des terres.

L'abondance des pluies contribue à la fraîcheur de l'atmosphère non loin du littoral. Les oscillations de crue et de décrue dans les rivières du Sabi, du Busi et du Pungue indiquent d'une manière assez précise les phénomènes particuliers du climat. Les rivières du pays de Manica se gonflent à partir du mois de septembre, dès que la zone des nuages équatoriaux a été ramenée vers le sud à la suite du soleil. De novembre à février il y a des alternatives de hausse et de baisse dans le niveau des eaux. La saison des grandes pluies vient aux mois de février et de mars. L'air devient sec dès le mois de mai, lorsque le soleil entraîne l'épaisse nébulosité vers l'hémisphère septentrional.

En somme, le climat du pays de Manica et Sofala présente une salubrité pareille à celle des hautes terres des îles Mascareignes (îles Maurice et de la Réunion) qui se trouvent exactement sous le même degré de latitude sud.

Les médecins les plus autorisés expliquent l'apparition des fièvres paludéennes sur le littoral de la Réunion par l'accroissement continu des terres alluvionnaires agrandissant chaque jour le dépôt. Le déboisement des montagnes a eu pour conséquence la sécheresse qui monte et qui abaisse alternativement l'eau stagnante des marécages dont les émanations sont rendues plus pernicieuses.

Production du sol. Culture. Forêts. — Les Cafres qui habitent le pays de Manica et Sofala sont de bons agriculteurs ; ils cultivent le maïs, les haricots, le manioc, les patates douces, les arachides, les citrouilles, etc. Leurs greniers sont remplis en abondance, grâce à la fertilité du sol.

La quantité d'hectares mise en culture par les indigènes est néanmoins insignifiante par rapport à la grande superficie des terres restées en friche. Les forêts et les gazons de pâturage couvrent en quelque sorte tout le pays de végétation naturelle à peu près inutilisée.

La culture de valeur industrielle dont le succès est le plus assuré est celle de la canne à sucre. Sous la même latitude, la canne à sucre produit des récoltes magnifiques dans les îles de la Réunion jusqu'à 800 ou 1000 mètres au-dessus du niveau de la mer. Pour un terrain vierge comme celui des provinces de Sofala et Manica, il suffirait de racler la surface du sol, sans songer de longtemps à l'ameublir. Avec des charrues, des houes, des sarcleuses, le rendement de la canne atteindrait, selon les récoltes, de 60,000 à 100,000 kilogrammes par hectare. La production sucrière prendra sûrement une extension considérable grâce aux traitements de faveur accordés aux sucres coloniaux par la métropole portugaise. Les prix de vente procureront aux planteurs des rémunérations véritablement exceptionnelles. La fabrication du tafia et l'exportation du rhum se développeront également avec rapidité dès que le projet du chemin de fer reliant Massikesse à l'estuaire du Pungue sera ouvert à l'exploitation.

Dans les régions semi-tropicales de l'Afrique, la canne à sucre occupe le sol pendant quatre années en moyenne, dix-huit mois pour la première pousse et la période de deux recoupes. Au bout de ce temps, la canne est remplacée pendant les quatre années suivantes par diverses cultures : manioc, haricots, pois, lentilles, pommes de terre, etc., etc. Pendant la saison pluvieuse on peut y récolter les gros légumes semés ou plantés aux premières pluies d'octobre : melons, pastèques, citrouilles, concombres, calebasses, pipangailles, patates, margauze, artichauts, aubergines, piments. On ne cultive avec succès que pendant la saison sèche, c'est-à-dire de mai à septembre, les autres légumes, petits pois, salsifis, radis, poireaux, oseille, épinards, laitue, scarole, chicorée, panais, betteraves, carottes, tomates, céleri, cerfeuil, cresson, oignons, échalotes, choux de toutes sortes.

Le maïs et le riz pourraient être cultivés non seulement comme substances alimentaires à l'usage de l'habitant blanc ou noir, mais aussi comme graines d'exportation pour l'Europe.

Dans les parties les plus élevées de l'intérieur des terres, toutes les céréales, blé, orge et avoine, pourraient être cultivées avec des rendements extraordinaires.

Tous les fruits de la région tropicale sont ou peuvent être récoltés en abondance dans ce pays privilégié : letchis, mangues, pêches, longanis, évis, bananes, ananas, etc.

Il n'est pas douteux que tous les arbres fruitiers qui prospèrent en Tunisie ou en Algérie, orangers, citronniers, oliviers, figuiers, grenadiers, dattiers, ne prospèrent avec le même succès dans le sud africain. La vigne et les arbres de zone plus tempérée, comme les pommiers ou les poiriers, dont la plantation a si bien réussi dans certaines provinces du Transvaal, viendront compléter la production agricole du pays de Manica et Sofala. Toutes les plantes cultivées en Europe réussiront par la connaissance et l'appropriation des terrains et des climats qui sont inévitablement très variés dans des vallées dont les terrasses successives s'élèvent graduellement du bord de la mer jusqu'à plus de deux mille mètres d'altitude.

Le café, qui a constitué pendant longtemps une des plus riches cultures industrielles des îles Mascareignes, pourrait donner des productions importantes dans les régions montagneuses. Les ouragans fréquents et les cyclones qui détruisent les caféières de l'île Maurice et de l'île de la Réunion ne s'étendent pas dans l'intérieur des terres continentales. L'expérience agricole acquise par les plantations de Natal saura éviter sans doute les maladies du bois noir servant d'abri aux plants de caféiers obtenus par semis. Le choix d'une variété vivace de café donnerait d'excellents résultats aux planteurs courageux.

Les épices précieuses ont été une source de fortune pour les colons des petites îles Mascareignes. Au pays de Manica et de Sofala où l'on n'a jamais à redouter les ravages des cyclones qui troublent si souvent la mer des Indes, il serait facile d'organiser des pépinières de girofliers, de muscadiers et de poivriers. C'est un soin qui ne sera pas omis par l'administration coloniale de la Compagnie de Mozambique.

On sait que c'est un noir de la Réunion qui réussit à féconder artificiellement la vanille. Cette plante, de la famille des orchidées, croît à l'état sauvage dans le Mexique et dans l'Amérique équatoriale, mais on la cultive un peu partout, à Java, au Brésil, dans les Antilles. Dans les plaines basses de la province de Sofala, la vanille, dont la culture exige à la fois la chaleur et l'humidité, pourrait y être l'objet d'une exploitation rémunératrice.

Au-dessus de 500 mètres d'altitude, le thé s'acclimaterait aisément dans les montagnes de l'intérieur des terres. L'orchidée Fahaim, plante sauvage des montagnes de la Réunion, appréciée comme succédané du thé, est déjà introduite dans les jardins de l'île. Avec les conseils d'un préparateur au courant de cette culture spéciale, il est évident que l'arbuste à thé prospérerait aussi bien dans le territoire de la Compagnie de Mozambique que dans les autres pays du globe placés sous les mêmes conditions climatériques.

Dans les plaines basses et voisines de la mer, le cacao peut fournir des amandes de la plus belle venue.

Il serait facile de tirer parti des plantes textiles et oléagineuses qui croissent en grand nombre dans les provinces de Manica et Sofala. Le tabac, le coton, les arachides doivent être aussi classés parmi les productions du sol.

Mais dans un pays dépeuplé par des guerres continuelles entre les tribus et dont le littoral est devenu à peu près désert, la cueillette des produits naturels a beaucoup plus d'importance que les récoltes provenant du travail humain. Cela se modifiera dans un avenir prochain.

Pour le moment, une des marchandises végétales les plus précieuses est le caoutchouc. Les Cafres le retirent en abondance dans les fourrés épais qui avoisinent la côte. Le caoutchouc est l'objet d'un trafic considérable à Chiluane, à Sofala, à Beira, et dans tous les ports du bas Zambèze. La gomme copal et la cire, apportées en grande quantité, sont déjà l'objet d'un commerce considérable.

D'autres substances que l'industrie moderne a rendues usuelles sont l'objet d'un grand trafic. Les huiles, les fibres et les fruits des palmiers, la résine des acacias, le suc des euphorbes, l'écorce et le liber du baobab qui servent à faire des cordages et des étoffes, les fibres excellentes du boasi, de l'aloès, et bien d'autres richesses naturelles n'ont pas encore été dans le pays de Manica et Sofala l'objet d'une exploitation intelligente et méthodique.

Que de végétaux encore qui poussent en abondance dans les immenses forêts vierges de ce merveilleux pays dont on pourrait utiliser les bois, les feuilles, les gommes ou les fruits pour leur valeur médicinale ou industrielle !

Le pays, en effet, est presque entièrement couvert de forêts. Sur les pentes des montagnes, les grands arbres étagent jusqu'au sommet leurs ramures verdoyantes ; il s'en dégage des senteurs qui imprègnent et qui embaument l'atmosphère de tous les plateaux élevés. L'état primitif et sauvage de la contrée ne s'est pas modifié par la présence des colons portugais, trop peu nombreux pour faire reculer la limite des grands bois par le défrichement des terres.

Toutes les forêts sont encore pourvues largement des essences supérieures qu'une exploitation imprévoyante a fait disparaître déjà des îles Mascareignes. La natte, le bois puant, le bois de fer, le bois de bassin, le takamaka, le bois de pomme, le bois d'ébène, le bois de benjoin, le bois rouge n'ont pas été exploités depuis des siècles. Ils assurent un rapport prompt et considérable aux premiers pionniers qui sauront mettre en valeur toutes ces richesses forestières, qu'une exploitation soucieuse de l'avenir peut rendre inépuisables. L'utilisation des voies fluviales naturelles du Pungue et du Busi, qui pénètrent dans les fourrés les plus épais, peut transporter à très bas prix, jusqu'au port de Beira, tous ces bois, comparables, par leurs qualités, au teck de l'Inde employé pour la construction des navires.

Il est inutile d'énumérer toutes les essences d'arbres communs aux régions intertropicales ; ils atteignent des dimensions énormes de tronc, et ils déploient une large puissance de branchage. Toute la végétation est remarquable par l'éclat de la verdure et la richesse de la floraison : il y a des fleurs en toute saison dans les merveilleuses vallées des provinces de Manica et de Sofala.

La flore régionale peut, en un mot, soutenir avec avantage la comparaison avec celle des contrées les plus favorisées du monde. On a eu bien raison de dire et de répéter que le pays de Manica est un véritable paradis terrestre.

Faune. — L'élevage du bétail n'a qu'une importance très faible dans la région du littoral de la province de Sofala. Certaines régions sont infestées par la mouche Tsétsé, qui est le fléau des contrées tropicales de l'Afrique. Il n'est pas possible de faire traverser aux bœufs et aux chevaux la zone dans laquelle ils se trouvent exposés aux piqûres de ce redoutable insecte : c'est ce qui explique pourquoi les agriculteurs de race blanche n'ont pu encore prendre possession des plateaux salubres de Manica. Sans la mouche Tsétsé, qui rend impraticables les bords du Limpopo, dans le sud, il y a longtemps que les Boers auraient poussé vers le nord-est leurs trekken (wagons), véritables maisons roulantes, traînées par huit ou dix paires de bœufs.

Avant d'atteindre le plateau de Manica, les lourds véhicules en usage dans le sud de l'Afrique pour étendre le mouvement de migration européenne, sont obligés de traverser les pays des Matebele et des Mashona, dans l'intérieur des terres.

Mais si les animaux domestiques venus de loin sont encore rares dans le territoire de la Compagnie de Mozambique, les animaux aborigènes y sont excessivement nombreux. La région n'est qu'un immense parc de chasse. Les grands mammifères y pullulent. Les troupeaux d'antilopes et de buffles y paissent en multitudes.

Les éléphants sont nombreux dans le voisinage des marigots entre le prazo Gorongoza au pied de la chaîne de montagnes de même nom, et le prazo Cheringoma dont les hauteurs sont couvertes de forêts vierges et de fourrés impénétrables. Les hippopotames et les crocodiles se jouent en assez grand nombre dans les rivières. Le farouche rhinocéros se met en fureur pendant ses excursions solitaires dans les montagnes. Les zèbres galopent à travers les plaines.

Les lions sont encore nombreux dans les régions où leur nourriture abonde.

Les pintades s'abattent sur les arbres par vols de plusieurs centaines.

Dans la plupart des districts du pays de Manica, le chasseur qui s'éloigne de l'habitation humaine n'a qu'à choisir sa proie pour le repas du lendemain.

Il est certain que la mouche Tsétsé disparaîtra des régions inférieures de la contrée le jour où la prise de possession du sol par l'agriculture aura refoulé dans la haute Zambézie les innombrables troupeaux de buffles et d'antilopes qui attirent le terrible insecte, leur inséparable compagnon.

La volaille domestique foisonne et prospère partout, aussi bien sur les bords du littoral que dans les fermes et les villages de la montagne.

Les troupeaux de moutons et de chèvres paissent en grand nombre dans les environs des lieux habités, sous la garde des bergers indigènes.

Population, 200,000 habitants environ. — Exterminés par les incursions belliqueuses des guerriers sauvages venus du pays des Zoulou, les Cafres aborigènes du pays de Manica et de Sofala ne sont plus que les débris de peuplades jadis florissantes. Cette contrée si riche et si fertile, qui, dans les âges passés, a nourri une population très dense, est devenue presque déserte dans une grande partie de son étendue. Les troupeaux d'élans et d'antilopes parcourent aujourd'hui des plaines qui ont été laborieusement cultivées pendant des siècles.

Dans la région de la basse Zambézie, il y a encore des centres populeux assez importants. Tous les districts de la rive droite du fleuve faisant partie du territoire de la Compagnie de Mozambique sont divisés administrativement en *prazos da Corôa*. Les populations y sont très mélangées. L'influence des blancs qui s'exerce depuis bientôt quatre siècles a complètement modifié les mœurs primitives de l'indigène.

Une mission de jésuites partie en 1560 de l'archevêché de Goa, auquel le diocèse épiscopal de Mozambique était rattaché, vint éclairer les infidèles de ces parages « aussi noirs d'âme que de corps ». Des paroisses furent fondées à une grande distance des villes du littoral.

Les disputes entre jésuites et dominicains, l'envoi de prêtres bannis pour cause de simonie scandaleuse, et surtout la traite des esclaves baptisés ou non firent disparaître beaucoup de paroisses. Les églises abandonnées tombèrent en ruines; en maints endroits les vestiges de ces temples chrétiens sont encore l'objet d'une vénération superstitieuse. Il ne faut pas oublier que la traite se faisait d'une manière active il y a une trentaine d'années entre le Mozambique et l'île de Cuba. Ce ne fut qu'en 1862 que la traite fut définitivement réprimée dans la grande île espagnole des Antilles. Les esclaves importés de la côte africaine à Madagascar avaient été si nombreux que les Sakalaves et les Hovas leur donnèrent le nom de « Mozambiques ». C'est seulement en 1878 que le trafic des esclaves a disparu d'une manière définitive des possessions portugaises du sud-est africain, après une longue période de transition légale.

Mais malgré la décadence de la puissance coloniale du Portugal, les Portugais ont toujours conservé le long du Zambèze des postes militaires et des comptoirs commerciaux dont l'influence rayonnait sur toute la population riveraine.

Le mouvement régulier des échanges entre les blancs de l'intérieur et les ports du littoral fut souvent suspendu par les invasions des guerriers cafres, Oumgoni ou Ma-Viti, généralement désignés sous le nom de Landins. Les relations n'ont jamais été complètement arrêtées. Les Mambari, qui ne sont que des Portugais de sang mêlé, ont continué de parcourir la région, et de trafiquer commercialement avec les peuplades du bassin supérieur du Zambèze.

En aval de Tete, à la descente du fleuve, on rencontre Sena, grand centre fortifié, presque vis-à-vis de l'embranchement du Zioe-Zioe, canal naturel de communication entre le Zambèze et le Chire; Chupanga, autre poste militaire; sur la rive gauche du fleuve, Mopeia bâtie à 3 kilomètres vers l'intérieur par delà la coulée qui va déboucher dans l'estuaire de Quelimane.

Depuis Bonga jusqu'aux bouches du delta, des prazos ont été concédés de temps immémorial à des familles de race indigène mêlée à la race blanche. Chaque prazo a une station commerciale cachée par le branchage touffu des manguiers à proximité du fleuve.

Tous ces centres d'habitation, villages ou comptoirs de fondation portugaise, ont quelque importance comme escales de batellerie sur le cours inférieur du Zambèze et à travers les ramifications du Delta.

Après les établissements sur la rive gauche du grand fleuve, et les ports du littoral, Beira, Sofala et Chiluane, le centre d'habitation européenne le plus important dans l'intérieur du territoire concédé à la Compagnie de Mozambique est le village de Gouveia, qui était jusqu'à ces derniers temps la capitale du district administratif de Manica.

Entre Neves Ferreira et le pays de Manica, un chemin est ouvert sur la rive gauche du Pungue, en attendant que le chemin de fer soit construit. Des villages se fondent à chaque étape de la route; des aubergistes et des trafiquants s'y établissent; des services postaux et des courriers réguliers s'y organisent. Neves Ferreira, Sarmento, sur le bord du fleuve, Chimoyo, sur la montagne, sont déjà d'excellents gîtes d'étape pour les pionniers d'origine européenne qui vont aux champs d'or des environs de Massikesse.

Dans les bassins du Pungue et du Busi et de leurs affluents, on trouve disséminés çà et là de nombreux villages indigènes où les blancs, considérés comme des êtres de race supérieure, sont accueillis hospitalièrement.

Les explorateurs européens, les agents de la Compagnie d'Ophir devenue plus tard la Compagnie de Mozambique, et les chercheurs d'or venus du Natal et du Transvaal ont pu parcourir dans tous les sens le pays de Manica et de Sofala sans être nulle part l'objet d'une attaque ni même d'une tracasserie par les paisibles agriculteurs indigènes.

C'est dans les massifs montagneux, sur la chaîne des sommets qui délimite le bassin du Sabi, que l'on rencontre surtout les kraals fortifiés des peuplades craignant les excursions de hordes Matebeles ou d'autres guerriers Zoulous.

Les chefs des tribus qui sont établies dans le pays de Manica et Sofala reconnaissent volontiers l'autorité souveraine si bienveillante du Portugal. Ils ne demandent qu'à vivre en paix. Ils ont fourni aux agents de la Compagnie de Mozambique les travailleurs nécessaires pour la démarcation des mines d'or et pour la construction des magasins à Massikesse et à Neves Ferreira. Les prospecteurs portugais, français et anglais qui ont découvert les gisements aurifères des vallées du Chua, du haut Revue et du Mutari, n'ont jamais eu à se plaindre des Cafres qui obéissaient docilement aux ordres donnés par le *Capitae Mors* de Gouveia. Les Européens ne prévoyaient même pas la possibilité d'un malentendu avec les chefs des peuplades voisines. L'invasion subite des agents armés de la British South Africa Company fut la cause des premiers troubles qui ont mis en suspens l'exploitation méthodique des richesses minières de la contrée de Manica.

Les blancs sont accueillis avec aménité par les noirs indigènes, parce que la présence des Européens leur semble devoir apporter une protection efficace contre les incursions des féroces Matabeles qui ont répandu si souvent chez leurs voisins la mort et la désolation.

La capitale du Matabeleland est Gubuluwayo ; c'est là que réside le roi Lobengula. Dans l'ouvrage sur les *Mines d'or de l'Afrique du Sud*, M. Henry Dupont rapporte, sur le récit d'un Français ayant vécu dans le pays, l'anecdote suivante qui donne une idée du joug terrible sous lequel Lobengula tient ses sujets et la discipline de fer qu'il impose à son armée.

« Voulant châtier une tribu voisine, il avait lancé contre elle quelques-uns de ses régiments et avait ordonné de tout massacrer, mais en même temps fait défense de prendre du butin. Au retour de l'expédition, ses chefs étaient rangés devant lui dans la salle où il siégeait et il demandait à chacun son rapport. En interrogeant l'un d'eux, il apprend qu'il avait laissé ses soldats s'emparer d'un troupeau. « J'avais fait défense de prélever aucun butin », dit-il ; puis, sans plus de paroles, sans quitter son siège, il se retourne, saisit un fusil, couche en joue le chef, et l'étend raide mort aux pieds de ses collègues. »

Il est évident que pour se prémunir contre les razzias ordonnées par un roi voisin aussi peu commode, les peuplades plus civilisées qui se trouvent en contact avec des Portugais de tempérament humanitaire verraient avec joie les blancs s'établir en grand nombre dans le pays.

Ce Lobengula est considéré par la British South Africa Company comme le potentat souverain et propriétaire de tout le Matabeleland et du Mashonaland. Le gouvernement britannique a conclu un traité avec lui. La présence du drapeau anglais dans les pays de Matabele et de Mashona est, il faut l'espérer, une garantie pour l'avenir contre les excursions sauvages dans les provinces portugaises de Manica et de Sofala.

Les peuplades des hautes vallées de l'Aruangua et du Revue sont de même race et de mêmes mœurs que les tribus dont les kraals couronnent les hauteurs du plateau du Mashonaland. Orographiquement, les pays de Manica et de Mashona appartiennent au même massif de montagnes.

A l'heure où ces lignes sont écrites, les commissaires désignés par le roi de Portugal et la reine d'Angleterre n'ont pas encore fixé dans cette région la limite des frontières entre les territoires de la Compagnie de Mozambique et de la British South Africa Company qui ont obtenu des chartes royales de leurs gouvernements respectifs, mais le traité les définit assez clairement.

La relation de voyage à travers le Gazaland par M. Denis Doyle a fait connaître le paysage du nord au sud entre Manica et l'embouchure du Limpopo. Pour donner des renseignements sur le pays et sur les habitants des montagnes du Mashona qui ne sont que la prolongation vers le nord-ouest du massif de Manica, nous extrayons le passage suivant d'un article publié dans la *Fortnightly Review* par M. F. C. Selons, le grand chasseur africain :

« Le haut plateau du Mashonaland tout entier a une altitude de 4,000 pieds au-dessus du niveau de la mer ; il existe une vaste étendue de pays au sud, à l'est et au nord-est du plateau (1), pays bien arrosé et fertile à une altitude moyenne de 3000 pieds et qui dans un temps plus ou moins éloigné sera indubitablement colonisé par des Européens. Ce territoire s'étend le long de la ligne de partage des eaux sur une distance de 200 milles du pays de Matabele jusqu'aux sources des rivières Hanyane et Mazoe ; sa largeur est de 60 à 100 milles. Quoique situé sous les tropiques, c'est un pays tempéré, capable de produire tous les fruits et légumes de l'Europe. Convenablement nourris et logés, les Européens jouiraient d'une bonne santé dans cette partie de l'Afrique.

» Il existe sur le versant nord du Mashonaland, entre les rivières Umfule et Hanyane, quelques débris épars des habitants primitifs du pays, la tribu des Bambiri, par exemple. C'est un peuple doux et paisible, mais d'une pauvreté abjecte, les Matabeles les ayant privés de leur bétail tout comme ils l'avaient fait avec leurs ancêtres. Ces Mashonas travaillent le fer très habilement et tissent aussi d'assez belles couvertures en coton au moyen d'un métier des plus primitifs ; il existe une plantation de coton derrière chaque village.

» Fait assez remarquable : ces peuplades ne connaissent même pas le nom de « Mashona », terme générique qui désigne une variété de tribus disséminées parlant toutes les dialectes d'une même langue. Il m'a été impossible de connaître l'origine de cette désignation. Chez eux, chaque communauté est connue sous un nom différent ; ainsi il y a les Bambiri, les Mabotchas, les Barotses, etc. Le tatouage diffère dans tous les clans. La marque distinctive des Barotses qui vivent sur le Sabi supérieur est une large échancrure pratiquée entre les incisives supérieures ; il est à remarquer que c'est là également la marque des Barotses établis sur le Zambèze supérieur. Il existe chez ces derniers une tradition d'après laquelle leurs ancêtres tiraient leur origine d'un pays bien loin au sud du Zambèse.

» Les armes de toutes ces peuplades consistent en *zagaies* ou

(1) Au sud et à l'est du pays de Mashona, se trouvent les territoires de la Compagnie de Mozambique. L'auteur anglais, M. F. C. Selons, parle donc du massif montagneux de Manica.

javelots, pointés de fer, ou parfois entièrement fabriqués en fer, des haches et l'immémorial arc avec ses flèches. Ces flèches sont barbelées, la pointe est de fer; il est rare que celle-ci soit empoisonnée. Parmi les tribus de Mashonas du Nord, l'arc et les flèches sont passés de mode, quoique les Barotses et autres tribus du Sabi supérieur s'en servent encore. Les Mashonas possèdent, par contre, de vieux fusils à pierre provenant des comptoirs portugais sur le Zambèze inférieur ; par suite de manque de poudre, ces mousquets ne leur sont pas d'une grande utilité. Ils fabriquent, il est vrai, une poudre très inférieure, mais cette poudre se détériore rapidement à l'humidité, ce qui semblerait indiquer que le salpêtre dont ils se servent est un nitrate de soude (le nitrate du Chili) et non pas le nitrate de potasse; il doit donc y avoir des gisements de nitrate dans ces pays.

» A l'est du fleuve Hanyane, sur le versant nord des montagnes d'Umvulkwe, ainsi qu'au sud de cette région, près des sources du Mazoe, du Masheke et du Ruzarwe, existent de nombreuses tribus d'indigènes, connus sous le nom générique de Mashonas. Paisibles et travailleurs, habitant un pays aux plaines fertiles, ce seraient les plus heureux des hommes, sans la crainte perpétuelle où ils vivent des incursions des Matabeles. Leurs huttes et magasins de maïs et de riz sont construits sur les rochers inaccessibles, où il leur faut porter leur provision d'eau. L'on se demande pourquoi ils n'émigrent pas vers quelque pays éloigné où ils seraient à l'abri des incursions des Matabeles.

» Le fait est que les Mashonas ont un amour immodéré pour les montagnes, où leurs ancêtres vécurent prospères et tranquilles: c'est la dévotion du montagnard écossais pour ses monts et vallons.

» Le but de cet article, c'est d'appeler l'attention sur la condition présente des Mashonas, peuple chez lequel j'ai beaucoup voyagé, et dont je garde le meilleur souvenir. Leur pays vient d'être déclaré « dans la sphère d'influence de la Grande-Bretagne ». Depuis mon retour en Angleterre, je m'aperçois que l'idée que l'on se fait généralement de ce peuple, c'est qu'il a été conquis par les Matabeles, qu'il vit tranquille sous la protection de ces derniers et paie tribut à leur roi Lobengula. Il n'en est rien. Quelques tribus, il est vrai, vivent sous la domination de ce roi, et sont employées généralement à la garde des vastes troupeaux appartenant à leurs conquérants. A part cela, la grande majorité des tribus de Mashonas demeure indépendante, ne paye aucun tribut ; attaqués par les Matabeles, ils se réfugient sur les montagnes inaccessibles de leur pays, où ils se défendent comme ils peuvent. Ces tribus habitent le pays dans lequel les Matabeles ont fait de tout temps des incursions sanguinaires ; elles sont maintenant comprises dans le rayon d'influence de l'Angleterre. Comment va-t-on appliquer cette influence? Non pas, nous l'espérons, en facilitant au roi matabele les moyens de fermer son pays aux Européens, et l'aidant par là à compléter l'annihilation des tribus indépendantes de Mashonas. Non ; il faut que l'immense pays dévasté par les Matabeles soit ouvert aux Européens ; il faut établir des centres miniers dans le nord du Mashonaland ; ce n'est qu'à ces conditions que l'on pourra sauver les Mashonas d'une destruction complète. Il est indispensable que cette peuplade laborieuse soit sauvée ; elle fournira la main-d'œuvre indigène indispensable au développement futur du Mashonaland.

» Le repeuplement par les Européens du haut plateau salubre de Mashonaland serait accueilli comme le salut par les tribus survivantes dispersées. Non seulement elles se verraient à tout jamais à l'abri des incursions de leurs féroces voisins, mais encore cette éternelle terreur dans laquelle elles vivent cesserait comme par enchantement. Il existe je le répète, un territoire immense, le plus riche du Sud-Afrique, absolument négligé, dont l'occupation ne ferait tort à personne. »

Nous avons cité intégralement et textuellement, d'après la traduction donnée dans le livre *les Mines d'or de l'Afrique du Sud,* le récit du voyage publié par la *Fortnightly Review,* parce que M. F. C. Selons fournit des renseignements intéressants sur les mœurs des tribus paisibles qui habitent le massif montagneux de Manica.

Le récit du voyageur anglais a confirmé en même temps tout ce qui a été rapporté sur les beautés exceptionnelles du climat et la fertilité du sol dans la merveilleuse région aurifère du district de Manica.

Il n'y a pas lieu de s'arrêter sur la facilité avec laquelle M. Selons place sous l'influence de la Grande-Bretagne les hauts plateaux qui s'étendent au sud et à l'est du bassin hydrographique du Sabi supérieur. Le désir de rentrer en possession du territoire que l'on reconnaît être « le plus riche du Sud-Afrique » ne saurait légitimer tous les empiétements de la British South Africa Company. Il existe des droits acquis non seulement au profit de la compagnie portugaise rivale de Mozambique, mais aussi au profit des explorateurs anglais indépendants qui ont été parmi les ouvriers de la première heure pour découvrir les richesses minières de la contrée placée depuis des siècles sous la dépendance du Portugal.

La relation du voyage de M. Doyle à travers le Gazaland a donné une idée exacte du tempérament sociable des tribus qui habitent les hautes vallées des sources du Busi entre les monts Inhacufera et les monts Chama-Chama. Le kraal où résidait le roi était installé, il y a quelque temps, dans cette région montagneuse.

Le roi de Gaza, dont le domaine s'étend dans le pays de plaines entre le Sabi et le Limpopo, reconnaît l'autorité du roi de Portugal et entretient les relations les plus cordiales avec M. Païva d'Andrade et les autres savants explorateurs portugais qui ont parcouru pacifiquement ce royaume Zoulou.

De même que les populations indigènes du Gaza comptent sur la protection du Portugal pour le maintien de leur indépendance, les autorités portugaises pourraient à leur tour faire appel à la force militaire organisée des chefs Zoulous pour repousser les envahisseurs dont l'esprit de convoitise ne voudrait pas respecter les traités conclus dans le but de délimiter l'influence respective des puissances européennes.

Les tribus guerrières qui terrorisent les villages indigènes dont la population sédentaire s'adonne aux paisibles travaux de l'agriculture constituent une armée véritable. Le grand géographe Elisée Reclus fournit à ce sujet des détails fort instructifs :

« Les Zoulou de Gaza sont appelés ordinairement Oumgoni par les populations du Sud et Landins par les Portugais. Campant autour de la résidence royale, ils sont constitués en troupes régulières, par bataillons et régiments, et commandés au bâton par des capitaines ou *indouna*, qui essayent de continuer les traditions de la tactique suivie par leurs victorieux ancêtres. L'armée des maîtres, infiniment plus faible en nombre que la population des tribus asservies, ne peut dominer que par la terreur; elle apparaît, tantôt sur un point, tantôt sur un autre, ravageant les champs, enlevant vivres et bétail. Comme toujours, la conquête a eu pour conséquence l'appauvrissement de la contrée et le recul de la civilisation.

» Les souverains n'ont plus, comme jadis l'empereur du Monomotapa, une houe pour sceptre; ils commandent avec le glaive. Les tribus, autrefois sédentaires, sont devenues des hordes de fuyards, abandonnant villages et cultures quand approche l'armée du roi. Le travail des mines leur était interdit, parce qu'elles auraient pu s'enrichir; la chasse à l'éléphant leur était défendue, parce que c'est là une occupation noble, et que des esclaves ne doivent pas s'égaler à leurs maîtres. Certaines peuplades avaient cessé de tenir du bétail; les Ma-Ndanda, qui peuplent les plaines situées au sud et au sud-est des montagnes de la résidence, se sont mis à élever le chien, pour que les oppresseurs leur laissent au moins cette viande méprisée. Naguère la politique du roi à l'égard des Européens était fort soupçonneuse : il les autorisait à faire la chasse ou la traite, mais leur traçait les routes à suivre, leur fixait les lieux de campement, leur extorquait des présents; en 1872, il fit attendre deux mois et demi l'Anglais Erskine avant de lui donner audience, quoique ce voyageur fût un envoyé politique du gouverneur du Natal et que sa visite eût été demandée par le roi de Gaza lui-même. De nos jours, l'attitude du souverain a changé, l'imminence du péril l'oblige à plus de souplesse envers envoyés, missionnaires et mineurs. Ne se sentant plus assez fort pour braver ceux qui bientôt seront ses maîtres, il est devenu formellement, après essai de révolte, le vassal du gouvernement portugais et s'est engagé à respecter les ordres du résident nommé par les ministres de Lisbonne. »

Le roi nègre de Gaza et les autres chefs de tribus qui habitent le territoire octroyé par charte à la Compagnie de Mozambique reconnaissent chaque jour de mieux en mieux combien ils furent sages en acceptant le protectorat portugais qui les défend contre le brigandage éventuel des blancs. Ils sont ainsi maintenus en tranquille possession de leurs terres; les droits de chasse qu'ils réclamaient ont été garantis. Ils paient volontairement un léger tribut à l'administration portugaise.

Elisée Reclus fait le tableau suivant des mœurs parmi les indigènes qui vivent en des huttes d'écorce de forme rudimentaire dans les régions sèches près du littoral :

« Les Hlenga sont le peuple de la brousse; ne pouvant cultiver le sol à cause du manque d'eau et du voisinage des Zoulou, ils sont obligés de vivre exclusivement de la cueillette et de la chasse : ils suivent le gibier à la trace comme des chiens et, quand ils ont blessé l'animal, ils le pourchassent de jour en jour, sans se lasser, dormant la nuit à côté des gouttes de sang. Ils étudient le ciel, interrogeant le vol des vautours, pour aller avec eux prendre part à leur festin de charognes. Ils sont fort habiles à dresser les pièges et, bravant la défense faite à tous les Tonga de chasser l'éléphant, ils trouvent moyen de cacher un pieu affilé sous un tapis de feuilles, à l'endroit où passera l'animal ; celui-ci se blesse, la douleur aiguë l'empêche de continuer sa marche : il est livré à ses ennemis.

» Au nord du Sabi, les tribus Tonga, sous les surveillance immédiate des Zoulou, mènent une misérable vie d'esclaves : tels les Ma-Ndanda et les Ma-Ndoona qui paraissent avoir été jadis très puissants et qui cherchent maintenant à se cacher dans les maquis, vêtus de longues robes fabriquées avec l'écorce de baobab. Et les Ki-Tevi, Gona-Tevi ou Eba-Tevi, qui vivent plus au nord, non loin des montagnes de Manica, ne sont-ils pas les descendants de ce peuple de Quiteve dont parle le moine dominicain de Santos comme d'une nation considérable, formant le noyau central de l'empire de Monomotapa ? Les traditions d'étiquette suivies à la cour du roi des Oumgoni paraissent être en grande partie un héritage du souverain de Quiteve. Parmi les indigènes sont épars des groupes de Ba-Lempa, nègres circoncis que Mauch compare à des juifs pour les traits et le genre de vie : la plupart d'entre eux ont les yeux rouges, les paupières enflammées comme les Juifs polonais. Ils habitent des villages séparés et se livrent à l'usure et au petit commerce de troc ; ils fabriquent aussi du fil de fer pour les parures. »

Les tribus Ma-Ndanda habitent les basses plaines entre le Busi et le Sabi. Les débris des peuplades de Quiteve se trouvent entre la rive gauche du Revue et du Busi et la rive droite du Pungue sur les versants du nord et du sud des monts Ourere.

La présence de nègres circoncis dans les pays de Manica et de Sofala, les vestiges manifestes de civilisations antérieures disparues, les traces d'exploitations minières jadis considérables, tout rappelle la prospérité du fameux royaume d'Ophir.

On évalue à plus de deux cent mille individus les noirs de toute origine et de toute race qui se trouvent disséminés dans les vastes territoires concédés à la Compagnie de Mozambique. Il y a là les éléments précieux de main-d'œuvre pour la construction rapide du chemin de fer qui doit relier le centre des exploitations minières de Manica au port de Beira.

Les colons européens recruteront à volonté, parmi les noirs du pays, des travailleurs d'humeur paisible qui ne demandent qu'à servir l'homme blanc avec fidélité.

Tous les indigènes accueilleront avec reconnaissance les bienfaits d'une civilisation qui leur permettra de se livrer en paix aux travaux de l'agriculture sans n'avoir plus à redouter les razzias des guerriers zoulous.

CHAPITRE IV

CHAMPS D'OR

Il serait bien difficile d'énumérer les gîtes aurifères qu foisonnent un peu partout dans les provinces de Manica et de Sofala.

Les Européens ne peuvent pas se disputer la gloire d'avoir découvert les mines d'or dans ce merveilleux pays, où l'on rencontre si souvent des ouvrages très anciens témoignant que d'énormes quantités de minerai ont été travaillées là par les hommes qui n'étaient pas dépourvus de méthode intelligente. On a trouvé et on trouve, dans la plupart des hautes vallées du district de Manica, des carrières, des galeries, des puits, des vestiges de routes. Il n'est pas douteux que cette contrée n'ait été autrefois l'objet d'une exploitation minière considérable.

Le bassin supérieur de la rivière Lusiti et le bassin supérieur de la rivière Revue, c'est-à-dire toutes les vallées du massif montagneux dont la *Serra Gorima* est le nœud central, paraissent devoir contenir les richesses aurifères les plus grandes du Sud-Est africain. Sur le versant oriental de la Serra Gorima se trouve la région connue sous le nom de Bandire, où, d'après l'opinion unanime des explorateurs européens qui l'ont parcourue, les chercheurs d'or auront à faire pas à pas leur productive besogne de prospection. Sur le versant occidental s'ouvre le véritable Eldorado de la vallée du Mutari, objet de tant de convoitises depuis les récentes découvertes des ingénieurs de la Compagnie de Mozambique près la ligne du chemin de fer.

Les noirs indigènes pratiquent de temps immémorial l'industrie du lavage des sables dans la contrée; ils se livrent avec ardeur à la recherche de l'or après les grandes crues des rivières sur certains points du courant, qu'ils ne veulent pas faire connaître aux prospecteurs européens.

Pour éviter de fournir ici des appréciations qui pourraient paraître exagérées sur les richesses aurifères des environs de Manica et de la chaîne de montagnes qui s'étend au sud, il n'y a qu'à citer textuellement les instructions données par M. de Llamby, ingénieur des Arts et Manufactures, à son camarade M. Mourgues également de l'Ecole Centrale, qui est venu, après lui, diriger les recherches minières de la Compagnie de Mozambique. Le rapport suivant de M. de Llamby est en quelque sorte le résumé des explorations personnelles qu'il a faites pendant près de deux ans et jusqu'au moment où les agents de la South Africa le firent prisonnier et l'obligèrent à rentrer en Europe :

RAPPORT DE M. DE LLAMBY, ingénieur des Arts et Manufactures.

Allure générale des terrains. — Les filons de Manica ne sont point, à mon sens, des filons, mais plutôt des *filons-couches*, autrement dit, ils se présentent en stratification concordante avec les roches encaissantes qui sont généralement des schistes siluriens plus ou moins talqueux. Ces filons sont à peu près dirigés est-ouest. La présence des diorites est d'ordinaire une bonne indication pour leur recherche; cette diorite se présente d'habitude sous forme de typhons, c'est-à-dire que la roche éruptive aurait coulé hors de la fissure de sortie en suivant la pente naturelle des terrains avoisinants. Elle aurait pu ainsi recouvrir des placers et c'est ce qui expliquerait la présence des anciens puits d'exploitation qui couvrent la vallée du Haut-Revue. C'est une roche noirâtre d'aspect basaltique, qui affecte souvent la forme de blocs ou pierres roulées. En réalité, ce fait me paraît plutôt provenir de ce que la roche a dû rouler à l'état de demi-fusion et s'être aussi décomposée ultérieurement par couches concentriques. Les produits de décomposition ont recouvert le flanc des montagnes et le fond des vallées d'une couche épaisse d'argiles rouges compactes qui rend l'étude géologique des terrains très difficile et surtout pénible durant huit ou neuf mois de l'année en raison de la végétation dont ils sont recouverts.

On rencontrera presque toujours un ou plusieurs filons de quartz partout où l'on remarquera un banc de quartzite ou de schiste quartzeux. Ceux-ci, constituant des formations plus puissantes et plus apparentes, seront facilement remarqués et sont une indication précieuse, car souvent le filon lui-même n'est apparent en surface que par des débris de quartz. Les filons courent parallèlement aux quartzites à quelques mètres de distance ; ils ne sont naturellement pas tous aurifères. Quant aux quartzites et schistes quartzeux qui nous servent de guides, ils ne contiennent généralement pas d'or, ou, s'ils en contiennent, il n'y a pas grand fonds à faire sur leur richesse et la continuité de la présence de l'or. C'est seulement une bonne indication sur les filons que l'on pourra découvrir dans le voisinage.

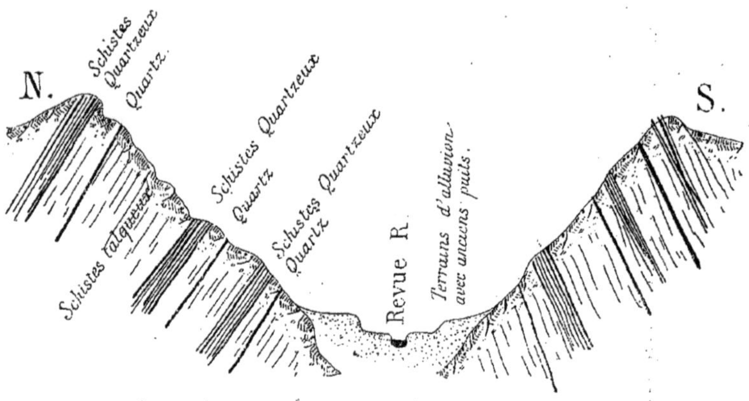

La coupe idéale ci-dessus de la vallée du Revue en face le Chua indique comment sont disposés les filons de quartz relativement aux quartzites qui les accompagnent presque toujours. Elle, indique aussi comment les couches quartzeuses ont affleuré à la surface par suite de soulèvements, soit que le phénomène ait eu lieu par la rupture d'*une selle*, soit que, comme cela a dû certainement avoir lieu en d'autres points, le soulèvement ait donné lieu à la formation de *cuvettes* dont les bords seuls auraient été relevés.

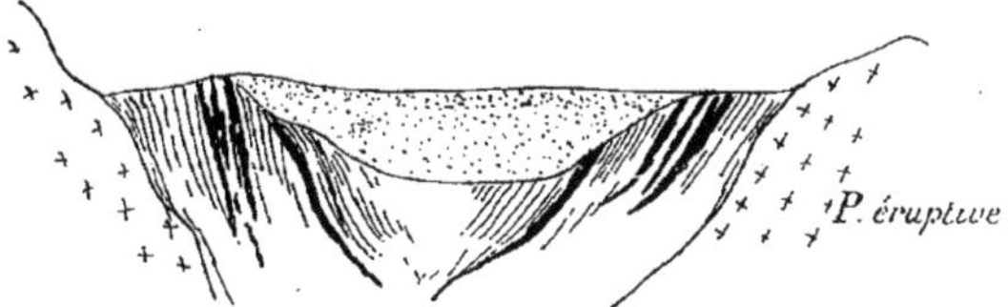

Quelle que soit l'origine du soulèvement (émergence des roches primitives granitoïdes ou des diorites), quelle que soit aussi l'origine de la présence de l'or dans les quartz, l'idée que les couches ont été primitivement horizontales et continues doit, étant donné qu'un *belt* aurifère a été découvert dans une région, nous faire rechercher un *belt* correspondant à un autre affleurement de la même couche.

Dans la vallée du Revue, nous avons sondé un certain nombre de filons de quartz de part et d'autre de la vallée sans y trouver d'or en exploitation. J'en conclurais volontiers que les couches réellement aurifères occupent le fond de la vallée et ont donné lieu aux alluvions aurifères du Revue. Ce n'est là qu'une simple hypothèse, mais l'hypothèse de la continuité et de l'horizontalité primitive des couches serait rendue plausible par la présence de l'or dans toute l'Afrique Australe, plus particulièrement du Mozambique ou Inhaxo où les couches ont été relevées, et à Sofala où la mer gagne tous les jours sur le rivage.

Au Mutari, où les couches ont été relevées au point de devenir à peu près verticales, les couches réellement aurifères ont été mises au jour, et grâce à l'altitude élevée de la région, les alluvions moins importantes et une végétation plus rabougrie ont permis de reconnaître la richesse réelle de la contrée. J'ai cru retrouver le belt correspondant à celui du Mutari, de l'autre côté de la vallée du Uhama Quighe, au sud du Mutari, en allant vers les granits qui limitent la formation schisteuse. J'ai, en effet, trouvé là des quartz aurifères aux environs de l'ancien campement des troupes de Gungunhana en 1888. Je n'ai point poursuivi l'étude de ces terrains, les expériences ayant eu lieu deux ou trois jours avant que je ne fusse pris par la South Africa.

POINTS LES PLUS IMPORTANTS A ÉTUDIER OU VISITER

Inhaoxo. — En attendant que l'on puisse reprendre les travaux à Manica, on pourrait étudier les montagnes d'Inhaoxo sur lesquelles un syndicat, en partie formé par des employés de la Compagnie du Mozambique et appelé, je crois, Syndicat da Beira, a obtenu un certain nombre de claims. Il y aurait là, dit-on, d'anciens travaux dans les alluvions. S'informer à Beira de ce qui a été fait par le syndicat qui a dû y envoyer une expédition, mais qui n'a jamais donné de ses nouvelles à l'ingénieur-directeur.

Inhaoxo est sur le rio Muda, et, d'après M. Pouhin, sa position sur la carte est erronée; il y a donc lieu de consulter de préférence le levé de M. Pouhin. Pour aller à Inhaoxo, il y a lieu d'entrer en relations avec le regulo Tica, qui s'est toujours montré de mauvaise foi avec les Européens, cherchant à les exploiter tant qu'il peut.

M. Barata, ancien capitaô môr de Manica, m'a montré des pierres rouges que je crois être des grenats, mais qui, en raison de leur densité, pourraient être des rubis. Ces pierres, m'a-t-il dit, provenaient de lavages de graviers faits à Inhaoxo; d'autres provenaient du prazo Chiringoma. Je donne ce renseignement pour mémoire. Je dois dire en passant, et dans le même ordre d'idées, que l'on trouve aussi des petits graviers d'une très belle couleur rouge, en lavant les sables du Pungue dans les environs de Sarmento.

Affluents du Mucangairna. — En allant de Neves-Ferreira à Sarmento, ou mieux de Monaé-Sacuze à Sarmento, après avoir traversé le Pungue, on traverse un bras du Pungue qui n'est point marqué sur la carte et qui porte le nom de Mucangairna.

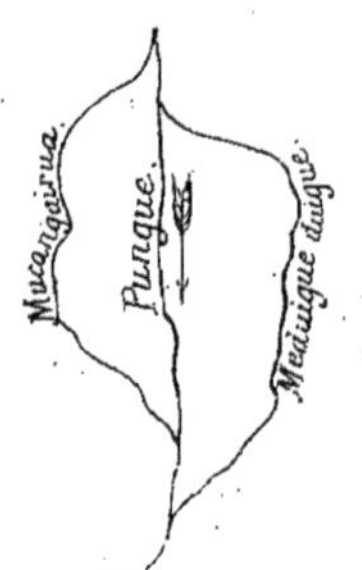

Lorsque nous revenions de Manica à Beira et que nous traversâmes le cours d'eau, M. de Rezende me dit avoir appris des indigènes que certains affluents du Mucangairna roulaient de l'or. M. de Rezende pourra donner les noms de ces affluents que je ne retrouve pas dans mes notes. Les recherches dans cette région ne peuvent guère être possibles que vers les mois d'octobre et novembre en raison de la végétation.

Environs de Sarmento. — Les environs de Sarmento sont granitiques; le granit y est très quartzeux, à gros éléments, et présente de nombreux pointements porphyriques. A l'ouest de Sarmento commencent les terrains les plus susceptibles de contenir de l'or, particulièrement à partir du Rio Mozambèze. Ce serait sur ce cours d'eau que M. de Breteuil aurait découvert du quartz très riche; je n'ai pu obtenir, lors de mon passage à Sarmento, d'indications précises sur l'endroit de cette découverte.

Il y aurait lieu, la valeur de la découverte de M. de Breteuil étant démontrée, de créer aux environs de Sarmento un poste de la Compagnie pour procéder à l'étude et à l'exploitation de ce qui pourrait y être découvert, avec d'autant plus de raison que des exploitations pourraient être montées presque immédiatement, puisque le matériel peut arriver sans difficulté à Sarmento à la saison des hautes eaux.

Route de Massikesse. — Lorsque l'on quitte les bords du Pungue au-dessus du Sarmento pour prendre le chemin de Manica, on trouve à environ 3 kilomètres, à la première halte, c'est-à-dire au premier endroit où on trouve de l'eau, des quartz de très belle apparence, et l'aspect des terrains me fait croire qu'il pourrait y avoir de l'or. Je n'en ai point trouvé dans les échantillons que j'ai rapportés et essayés à Sarmento, mais ces terrains demandent à être étudiés de plus près.

M. Guyard a trouvé de l'or visible aux environs de Mendigo; il y a lieu de retrouver ce point intéressant.

Massikesse. — Le Revue coule au fond d'une plaine de 4 à 500 mètres de large, en partie inondée au moment des grandes eaux. Le sol est formé par les alluvions de la rivière, dont le lit est très sinueux et se déplace souvent. La pente des terrains est relativement faible et l'exploitation de ces alluvions, peu riches d'ailleurs dans les couches superficielles, ne pourrait être faite que par des moyens mécaniques, excavateurs, dragues, etc., et sur une grande échelle.

Les bords de la vallée sont formés par des terrasses dont l'importance est bien plus considérable sur la rive droite que sur la rive gauche. On y trouve des anciens travaux importants, principalement entre le Rio Zambusi ou Mussambuzi et un petit ravin très encaissé, dont les eaux ont à peine d'écoulement. Sur les bords de ce ravin est un endroit où les schistes sont très près de la surface et affleurent dans certains points; les essais et sondages qui y ont été faits ont été très satisfaisants, et une sonde avait été demandée pour déterminer la profondeur du bed-rock en différents points, autrement dit faire un plan coté des couches exploitables, afin de déterminer le prix de revient probable de l'exploitation. Cette sonde est arrivée à Beira, mais n'est pas parvenue à Massikesse. MM. Mourgues et Guyard feront bien de s'informer à Beira et aux diverses stations, pour entrer en possession de cet appareil, qui peut rendre de très grands services en épargnant des pertes de temps et de main-d'œuvre.

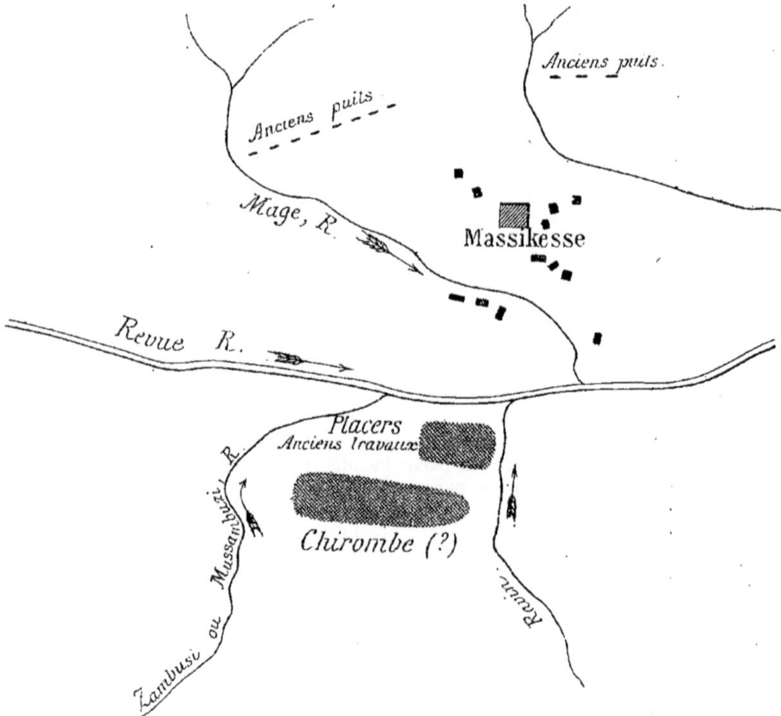

(N. B.) Cette sonde est portative. Chaque pièce est susceptible d'être portée par un ou deux hommes au plus.

Les anciens travaux dans les parties que j'indique, par des hachures dans le croquis ci-dessus, sont très importants. On trouve en allant vers le Zambuisi des quartz erratiques d'aspect résineux présentant des taches bleutées et ayant en quelque sorte l'aspect d'un granit. Ces quartz sont très riches; on n'a pu trouver le filon dont ils provenaient.

Au nord de Massikesse se trouvent d'anciens puits disposés en ligne; ils sont creusés dans un schiste quartzeux qui donne parfois de bonnes prospections, mais sans régularité. Il y aurait lieu de rechercher s'il n'y a pas quelque filon courant parallèlement à ces schistes. Cette recherche ne peut guère être faite qu'en octobre, novembre et décembre, à cause de la végétation.

La rivière Maze roule de l'or, mais ses alluvions sont pauvres. Nous avons détourné le cours de cette rivière sur une trentaine de mètres et les expériences n'ont donné que de médiocres résultats.

Divers puits ont été creusés dans les environs de Massikesse, notamment sur le bord du Maze et dans les alluvions du Revue, et les résultats obtenus nous ont confirmé dans l'idée que ces terrains ne peuvent être traités avec avantage qu'avec de puissants moyens mécaniques.

Les nègres exploitent les rivières après les pluies, mais sans beaucoup de profit, et ils cachent avec soin les endroits où ils vont de préférence. Il sera bon aux débuts de ne pas exciter leur défiance et, comme je me suis en général attaché à le faire, de répandre l'idée que les blancs recherchent surtout l'or dans les pierres et ne cherchent pas à les troubler dans une industrie qu'ils considèrent comme une sorte de privilège. Cela, tant qu'on ne sera pas les plus forts et qu'on ne pourra pas établir une réglementation.

Tout le long du Revue, en amont de Massikesse, on retrouve d'anciens puits d'exploitation qui forment différents groupes correspondant à diverses mines citées dans d'anciens documents. J'annexe au présent le seul de ces documents qui m'ait été communiqué, mais dont il est difficile de tirer parti, car les noms sont mal orthographiés et les indications trop vagues. Ces travaux dans les alluvions ne me paraissant pas devoir être repris avec avantage sans outillage suffisant, je me borne à indiquer les principaux points où se trouvent les anciens travaux, en les indiquant par des hachures sur le croquis ci-joint.

Chua. — Les environs du village de Chua présentent plus d'anciens travaux dans les alluvions que les environs de Massikesse, c'est en partie ce qui nous avait engagés à nous y établir au début. Je ne reviendrai pas sur ce que j'ai déjà dit de ces alluvions.

Tous les cours d'eau dans les environs sont aurifères, moins la petite rivière Nhamacheta où je n'ai trouvé que des traces d'or. Parmi ces cours d'eau, je citerai plus particulièrement le Michisa ou Munchisa, affluent de la rive droite. Le lit de ce ruisseau est très profond et je croirais volontiers que les trous nom-

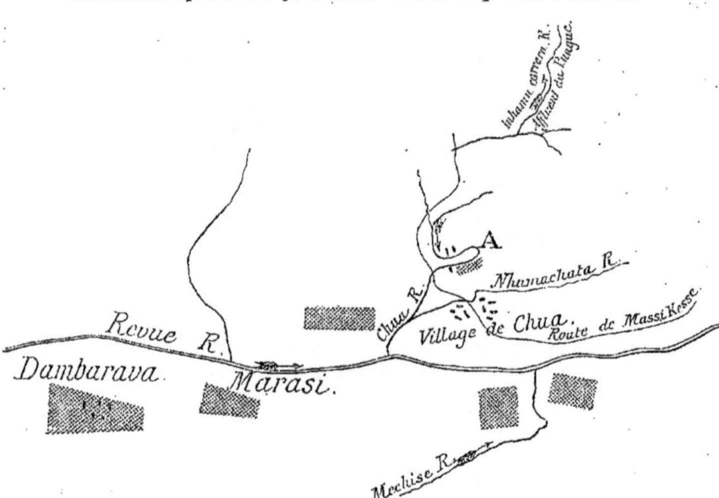

breux que l'on y remarque sont dus aux lavages des graviers que les indigènes vont puiser au fond.

Nous avons commencé un tunnel destiné à mettre à sec la boucle formée par la rivière Chua et indiquée sur le croquis ci-dessus par la lettre A. Ce tunnel, de 72 mètres de longueur environ, permettrait de mettre à sec la rivière sur plusieurs centaines de mètres, ainsi que les terrains marécageux qui se trouvent sur la rive gauche du côté de la tête amont. La couche de sable, en raison de la pente du terrain et de la nature du sol, est très faible; le rocher est souvent visible; c'est-à-dire que l'on atteindra facilement le *bed-rock*. Ce travail relativement peu important pourra servir à déterminer d'une manière exacte la valeur du Chua comme richesse aurifère. Cette vallée, très escarpée, me paraît mieux que d'autres pouvoir se prêter à une exploitation intensive par la méthode californienne, si les expériences étaient favorables.

Au Chua, la plus grande partie de l'or me paraît provenir de la décomposition des schistes quartzeux, car nous avons lavé plusieurs mètres cubes de terre sur la rive gauche de la rivière en face le tunnel et nous avons obtenu de petites pépites encore accrochées à des fragments de schistes. Ceux-ci sont très pauvres et il n'y a guère lieu de compter que sur l'enrichissement que la rivière a fait subir aux alluvions par leur lavage naturel.

Nous avons trouvé sur la route de Massikesse, à 300 mètres environ du village du Chua, une couche d'une sorte de grès décomposé de couleur rougeâtre qui contient de l'or en poussière impalpable. Ce grès contient des veines de quartz blanc et nous avions espéré trouver dans la continuation des travaux quelque couche plus riche. Une galerie a été poussée d'une vingtaine de mètres dans le flanc de la montagne, mais les résultats n'ont pas été satisfaisants.

Quant aux filons essayés aux environs du Chua, ils ont été tous à peu près stériles et il n'y a pas lieu de continuer des recherches dans ce sens.

Je ne suis pas d'avis cependant de transporter ailleurs le centre de la direction technique, car l'endroit est bien choisi au point de vue de l'installation des ateliers de construction ou de réparation du matériel. On trouvera en effet difficilement des endroits où l'on ait du bois à proximité. On pourra facilement établir des chutes pour servir de moteur aux ateliers. Enfin, le Chua est à cheval sur la route du Mutari et celle de l'Inhamucarrara, qui sont les points du Manica où, jusqu'à présent, les principales découvertes ont été faites.

Dambarara. — La montagne de Dambarara, sur la rive droite du Revue, présente des anciens travaux d'un caractère complètement différent de ceux que l'on trouve dans la vallée; au lieu de puits ce sont des travaux réguliers affectant la forme de tranchées parallèles qui couvrent toute la montagne et ont certainement fait l'objet d'une exploitation dirigée d'après un plan tracé d'avance. Une énorme excavation faite de main d'homme est l'ancien travail le plus important que j'aie encore vu à Manica. Nous avons construit à Dambarara des paillottes pour les ouvriers, mais ce point a été abandonné et ne constitue plus aujourd'hui qu'une station entre le Chua et le Mutari, très utile aux voyageurs. Nous n'avons pas trouvé en effet que les résultats de nos recherches puissent justifier une reprise des anciens travaux. Il semble que les anciens ont tout enlevé et que ce qu'ils exploitaient était une couche de conglomérat argilo-quartzeux qui devait recouvrir la montagne. J'engage néanmoins MM. Mourgues et Guyard à visiter cet endroit, où, d'après les Cafres, on aurait extrait autrefois beaucoup d'or. Le chef de l'exploitation aurait été un Portugais connu sous le nom d'Antonio, lequel aurait été massacré par les Vatuas, en 1836, lorsque les Portugais furent chassés de Manica par les ancêtres du roi Gungunhana.

Haute vallée du Revue. — La haute vallée de Revue est généralement impraticable; abritée du couchant par les montagnes, on peut dire que jamais la paille et les roseaux qui la couvrent ne peuvent être brûlés et une simple marche dans cette vallée est un véritable voyage d'exploration. Néanmoins je dois signaler, lorsqu'on se rend au Mutari en suivant le fond de la vallée du Revue et que l'on prend ensuite la vallée de son affluent l'Inhahumbe, une sorte de tranchée encombrée par les broussailles et qu'il sera intéressant de visiter. J'ai découvert ce point quelques jours avant d'être fait prisonnier et n'avais pas ce jour-là le loisir de m'y arrêter. MM. Mourgues et Guyard le retrouveront facilement, sachant qu'il est à très peu de distance, et visible du chemin, qu'il est aux environs d'un village et au milieu de champs cultivés. Cela pourrait être un filon anciennement travaillé.

VALLÉE DU MUTARI

La vallée du Mutari est sans contredit la région la plus riche de Manica et, n'était la rareté du bois, elle réunit toutes les conditions pour l'exploitation facile des richesses qu'elle renferme.

Historique. — M. J. H. Jeffreys, peu après notre arrivée à Manica, visita la vallée du Mutari ; il n'eut aucune peine à y découvrir des mines; le filon Rézende et le filon Penhalonga largement travaillés par les anciens devaient naturellement frapper l'attention du premier qui explorerait ces contrées ; l'un à cause de son importance, l'autre, le filon Penhalonga, en raison de ce que les anciens travaux peuvent être aperçus de plusieurs kilomètres à la ronde.

Appelé en octobre 1889 à opérer une première démarcation sur le filon Rézende, je constatai que la vallée du Mutari ne se trouvait pas comprise dans les terrains accordés en concession à la Compagnie de Mozambique. Le Mutari est en effet un affluent de l'Odzi et se trouve en dehors des bassins hydrographiques du Pungue et du Busi. Je signalai donc à la Compagnie le danger que présentait cette situation et, tout en procédant comme si ces terrains appartenaient à la Compagnie, je ne perdis aucune occasion pour insister sur la nécessité d'obtenir du gouvernement une extension de concession.

Le gouvernement accorda la vallée de l'Odzi, mais les lenteurs apportées dans le règlement de cette affaire ne sont sans doute pas étrangères aux événements de novembre 1891, car elles ont donné le temps aux agents de la South-African de se rendre compte de la richesse exceptionnelle de la région et de discuter, après l'acte de violence qui a eu lieu, la réalité des droits du Portugal.

Effectivement, et ainsi que je le faisais prévoir dès le début, tous les prospecteurs des syndicats, après avoir prospecté plus ou moins et sans résultats dans les vallées secondaires du Revue, se jetaient dans la vallée du Mutari qui leur paraissait plus avantageuse. C'est ainsi que furent successivement découverts les filons Païva d'Andrade, Bartissol et Lisbôa.

Au contraire, en raison des lenteurs du gouvernement, la Compagnie nous écrivait de laisser le moins possible prospecter dans cette vallée, ce qui équivalait à nous demander de nous abstenir nous-mêmes, en attendant que la question fût complètement résolue.

Je me décidai, malgré les instructions de la Compagnie, à mesure que le voisinage de la South Africa devenait plus inquiétant, à transporter dans la vallée du Mutari le champ d'études de la Compagnie de Mozambique, et j'établis mon campement au confluent de la rivière Sambi et du Mutari, à l'ouest de la concession démarquée sur le filon Bartissol. Les premiers résultats de nos recherches furent assez encourageants et il fut décidé qu'au fur et à mesure que l'on construirait des abris pour le personnel, les ouvriers seraient transférés au Mutari pour y procéder à l'étude des filons qui venaient d'être découverts.

Lorsque nous fûmes obligés d'évacuer Manica, six paillottes avaient été construites, des prospections faites et quelques sondages ouverts aux points où les recherches avaient été fructueuses. Encore tous ces divers travaux avaient-ils été retardés par des démarcations de concessions et par la désertion du plus grand nombre des Cafres de Manica dont le peu qui nous restait devenait difficile à conduire à mesure que les bruits d'un conflit avec les Anglais prenaient plus de consistance.

CONCESSIONS DÉMARQUÉES DANS LA VALLÉE DU MUTARI

Les procès-verbaux avec plans à l'appui des diverses concessions démarquées dans la vallée du Mutari sont déposés aux archives de la Compagnie à Massikesse et à Lisbonne où il sera facile de les retrouver. De plus, une copie a été chaque fois remise à l'intéressé. La Compagnie a en outre reçu à chaque démarcation un rapport sur la valeur présumée des terrains qui venaient d'être concédés.

Ces concessions sont ,par ordre de date :

Les filons Rezende, Penhalonga, Païva, Bartissol, Lisbôa.

Voici à leur sujet quelques indications que je crois très importantes :

Filon Rezende. — Sur les cinquante claims ou hectares marqués par les intéressés sur le filon Rezende, 30 seulement ont suivi le filon principal. Les 20 autres ont été marqués (*20 claims n° 30, 30 claims n° 1*) sur un autre filon. Il y a lieu pour la Compagnie de poursuivre des recherches sur la continuation du filon Rezende proprement dit, à partir du claim n° 30. De même, en avant du claim n° 1, il y a lieu de rechercher encore ce filon, car il se présente dans ce claim avec une richesse exceptionnelle.

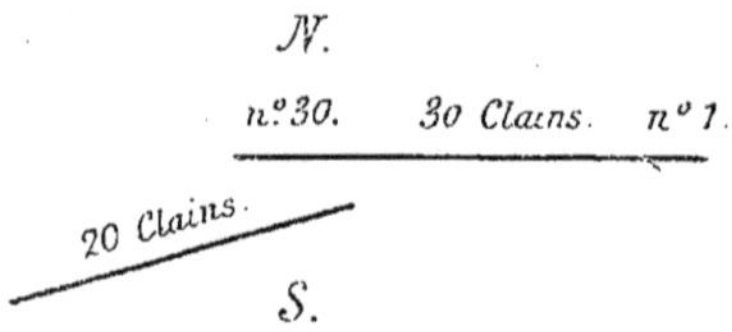

N.
n.° 30. 30 Clains. n° 1.
20 Clains.
S.

Filon Penhalonga. — Les intéressés ont suivi dans cette démarcation un groupe de veines parallèles sans que l'état des travaux puisse permettre de les différencier exactement et d'en déterminer le nombre. Les *filons Bartissol et Lisbôa* peuvent, surtout ce dernier, être considérés comme faisant partie du même système. Il y aurait lieu de conduire, pour le compte de la Compagnie, des recherches dans le sens perpendiculaire à la direction générale des filons pour les terrains qui n'ont pas été compris dans la démarcation.

Filon Païva. — Sept claims avaient été démarqués sur ce filon et l'intéressé M. Maritz s'était réservé de prospecter plus loin avant de continuer la démarcation, lorsque, ayant découvert un filon plus riche parallèle au Rezende, et trop rapproché de sa première concession pour pouvoir se l'approprier sans contrevenir aux règlements établis, il demanda à faire abandon à la Compagnie du filon Païva, ce que M. de Rezende lui accorda.

Nous avions depuis deux jours établi des chantiers sur le filon Paiva lorsque l'affaire du 15 novembre eut lieu. Il y aura donc lieu de respecter les engagements pris avec M. Maritz relativement à son nouveau filon.

Filon Bartissol. — Cette concession est complète et il y a lieu pour la Compagnie de rechercher le filon à ses deux extrémités. Mon opinion est que le filon du côté de l'ouest, après avoir traversé la rivière Sambi, se trouve un peu rejeté vers le sud et que c'est au sud des paillottes de la Compagnie qu'il doit être recherché.

Filon Lisbôa. — Il n'y a que 18 claims marqués. Les travaux actuels ne permettent pas de formuler une opinion sur le gîte. M. de Kergariou demande que la démarcation déjà faite et celle à intervenir à la suite soient reportées à son nom personnel, son syndicat l'ayant abandonné et s'étant désisté. Cette mesure regarde le conseil d'administration; nous pouvons seulement donner un avis favorable.

FILONS DE LA COMPAGNIE DE MOZAMBIQUE

Filons Bragança. — Aucun travail n'y a encore été fait; il a été découvert par le contremaître Menaut, quelques jours avant l'évacuation de Manica et on n'avait pu encore y envoyer des ouvriers. Voici les indications nécessaires pour le retrouver :

Le claim n° 20 du filon Penhalonga est traversé par un ruisseau qui vient du côté du sud et pénètre dans la vallée du Mutari en suivant une pente très escarpée.

En amont de cette pente, le ruisseau traverse une espèce de col et c'est à peu près sur ce col, un peu au sud, que l'on trouvera le filon. Il n'est guère apparent en surface que par des débris de quartz, mais la position de ces débris sur un point culminant fait qu'ils ne peuvent avoir été transportés là par une cause étrangère.

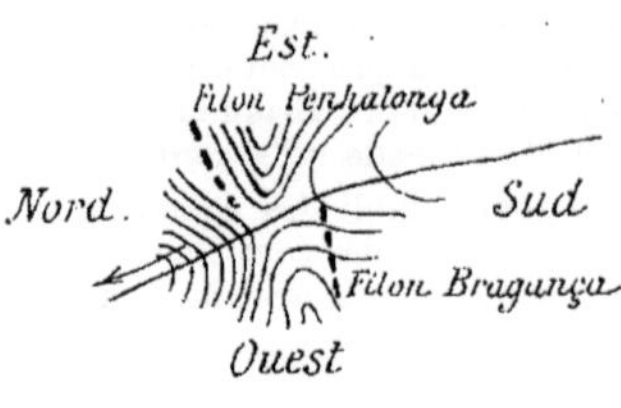

Tous les échantillons rapportés de là à différentes reprises ont donné de magnifiques résultats. On y trouve deux types de quartz : l'un blanc, à peu près identique au quartz du Penhalonga, l'autre blanc avec des grains bleuâtres, d'aspect granitoïde. Ce dernier est incomparablement plus riche.

Filon Oliveira Martins. — En traversant dans le sens de sa longueur, c'est-à-dire vers l'ouest, le plateau du Sambi, on trouvera, à environ 2 kilomètres de l'établissement de la Compagnie, divers sondages que nous avons ouverts à quelques mètres du sentier. Ces sondages ont été faits sur un filon donnant de l'or d'une manière irrégulière et ils pourront être repris et poussés plus profondément.

Quant au filon Oliveira Martins, il se trouve à 300 mètres environ de cet endroit, dans la direction sud-ouest, dans un bois de gommiers et sur le penchant d'une colline qui regarde vers l'ouest. Il y a là quelques anciens travaux, et ceux-ci, aussi bien que les travaux ouverts dans les derniers jours de novembre 1890, permettront de retrouver facilement le filon. Les divers points où des travaux avaient été ouverts ont été marqués par un poteau portant les lettres C. M.

Filon Fontès. — Au nord du filon Rezende, parallèlement à ce filon et à une distance qui n'excède pas 200 mètres, court un autre filon anciennement travaillé en divers points. MM. Harris et Harrington, prospecteurs du « Manica's Syndicate », ayant signalé à M. de Rezende et à M. Païva d'Andrade l'existence de ce filon, proposèrent d'abandonner leurs droits (plus ou moins problématiques) de découverte, moyennant qu'il leur serait accordé un pourcentage dans l'exploitation.

M. de Rezende ayant fait avec eux un projet de contrat, je fus prié par M. Païva d'aller examiner les terrains. Il n'y a là aucun travail de recherches et les anciens travaux seuls sont là pour témoigner de la présence de l'or.

Cette affaire est restée en suspens par suite des événements de novembre.

Autre filon non encore nommé. — Des quartz très riches ont été trouvés à environ 300 mètres au nord de l'établissement de la Compagnie sur le Sambi. Le contremaître Menant y fit travailler durant une demi-journée, mais il retira les ouvriérs au reçu d'une lettre que je lui envoyai du Chua pour qu'il retardât les sondages en cet endroit. Je craignais en effet, ce point étant à peu près sur la ligne du filon demandé par M. Maritz en échange du filon Païva, que ce dernier ne vînt émettre la prétention de démarquer jusqu'à cet endroit et nous enlever le bénéfice de notre découverte. Je jugeai plus prudent de la tenir secrète.

Ce point a été marqué d'un poteau avec les lettres C. M. ; il se trouve, comme je l'ai dit, au nord du village du Sambi, entre deux bouquets de bois et peut être reconnu par le peu de déblais existant sur place et le poteau qui y a été placé.

Lorsque nous dûmes évacuer Manica, nous venions de préparer, d'accord avec M. de Rezende, une circulaire aux divers syndicats pour leur notifier que, sauf les démarcations en cours, étant donné que les syndicats actuellement existants au Mutari n'avaient plus droit à marquer davantage de terrains, la vallée du Mutari jusqu'au confluent de cette rivière avec le Sambi devenait réserve de la Compagnie.

Si cette mesure devait être prise effectivement, il faudrait prendre comme limites : au nord, la crête qui limite le versant; au sud, la rivière M'Beza ; à l'est, la crête qui sépare les vallées du Mutari et du Revue ; au sud, le cours du Sambi. Le lit de cette rivière, qui est aurifère, devrait être compris dans les réserves avec d'autant plus de raison qu'on pourra avoir à la détourner pour établir des usines et que ce lit pourra être facilement exploitable, la rivière coulant sur le rocher.

VALLÉE DE L'INTRAMUCARRARA

Les découvertes dans cette vallée datent des derniers jours de notre séjour à Manica. C'est seulement la veille de notre départ que nous eûmes à enregistrer :

1° La découverte de quartz aurifère faite par M. Luther.

Celui-ci, venu dès le début pour le compte d'un syndicat du Transvaal, abandonné par ses commettants, demandait à traiter directement avec la Compagnie.

2° La découverte faite par l'Américain Holiday d'une masse minérale d'une épaisseur de plus de 100 mètres, selon lui. Le minerai serait un sulfure complexe. Je n'ai pu contrôler ces découvertes

. . . .

CH. DE LLAMBY.

Pour compléter le rapport de M. de Llamby, ingénieur des Arts et Manufactures, sur la valeur des richesses aurifères reconnues dans les environs de Massikesse, nous copions textuellement les notes d'évaluation sommaire qu'il a rédigées lui-même à son retour en France au mois de février 1891 :

NOTES SUR LES FILONS DE MANICA

I

Filons Rezende.

Situé dans la vallée du Mutari, le filon Rezende présente sur 700 mètres environ des affleurements dont l'épaisseur varie de 12 m. à 5 mètres. Le filon est sensiblement vertical ; il a été recoupé au niveau de la rivière où apparaissent plusieurs veines qui représentent ensemble plus de 3 mètres d'épaisseur. Si on prend le chiffre de 3 mètres, on aura (en comptant que l'on pousse l'exploitation à 100 mètres de profondeur) un cube de

$$700 \times 3 \times 100 = 210{,}000 \text{ mètres cubes.}$$

Sur 1,900 mètres ce filon est moins apparent ; mais il a été recoupé en différents points où sa largeur est de 0m.90 à 2 mètres. Nous prendrons le chiffre le plus inférieur :

1900 × 0,90 × 100 = 170,000 mètres cubes.

Les autres 20 claims suivent un autre filon que le filon Rezende proprement dit. Il n'y a pas eu de sondages; mais sur les trois veines qui composent le filon, une au moins donne de l'or visible. N'ayant pas d'éléments de calcul exact, nous négligeons cette partie de la concession.

On aurait donc au minimum :

210,000 × 170,000 = 380,000 mètres cubes de quartz,

ou 380,000 × 1,800 kil. = 684,000 tonnes de quartz,

en comptant le quartz massif à 1,800 kilos le mètre cube.

Le filon Rezende a donné des essais variant entre 2 et 14 onces à la tonne. Depuis ces essais, les travaux plus profonds, c'est-à-dire au niveau de la rivière, ont présenté des échantillons qui ne le cèdent en rien à ceux du filon Bartissol. Néanmoins, nous prendrons le chiffre inférieur de 2 onces à la tonne, ce qui donnera :

684,000 × 2 = 1,368,000 onces

ou à 80 francs l'once :

1,368,000 × 80 = 109,440,000 francs.

II

Filon Penhalonga

Le filon Penhalonga est situé dans la vallée du Mutari sur la rive gauche de la rivière. 40 claims y sont démasqués, dont 20 seulement ont été bien étudiés. On peut admettre 0m.80 d'épaisseur ; en ne tenant compte que des 20 claims bien connus, on aura un cube de

2,000 × 0,80 × 100 = mètres cubes

un poids de 160,000 × 1,800 = 288,000 tonnes

avec une teneur de 1 1/2 once

288,000 × 1,5 = 432,000 onces

à 80 francs l'une :

432,000 × 80 = 34,560,000 francs.

III

Filon Bartissol

Le filon Bartissol est situé dans la vallée du Mutari, sur la rive gauche de la rivière. 500 claims ont été démasqués. La longueur de la concession est de 2,200 mètres. Il y a trois filons et des alluvions aurifères aux environs du point où la concession est traversée par la rivière.

Nous considérerons seulement le filon du milieu, en ne lui attribuant qu'une largeur de 0m. 50 et en prenant comme teneur la plus faible teneur indiquée par les analyses, soit 4 onces la tonne. On a donc :

$$2{,}200 \times 0{,}50 \times 100 = 110{,}000 \text{ mètres cubes}$$

$$\text{ou } 110{,}000 \times 1{,}800 = 198{,}000 \text{ tonnes}$$

$$\text{ou } 198{,}000 \times 4 = 792{,}000 \text{ tonnes}$$

à 80 francs l'une :

$$792{,}000 \times 80 = 63{,}360{,}000 \text{ francs.}$$

Paris, février 1891.

Signé : DE LLAMBY,

Directeur de la Compagnie de Mozambique.

RAPPORT DE M. MOURGUES, Ingénieur des Arts et Manufactures, sur les filons récemment découverts près de Massikesse.

Après la rentrée de M. Llamby en Europe et la dispersion des agents de la Compagnie de Mozambique, le travail de prospection fut arrêté dans la vallée du Mutari et tous les environs de Massikesse.

Le manque d'outils et de matières explosives paralysait les travailleurs anglais eux-mêmes, que l'invasion armée des agents de la Compagnie anglaise du Sud de l'Afrique n'avait pas chassés du pays.

Depuis que la tranquillité a été rétablie, les chercheurs d'or ont repris avec ardeur leurs explorations.

Les courriers qui viennent de Beira apportent tous les mois en Europe la nouvelle de la découverte d'autres filons de quartz aurifère, dans les environs de Massikesse. Les prévisions les plus optimistes sont dépassées. Que les ingénieurs soient Français, Anglais ou Portugais, tous sont d'accord pour attester la richesse inouïe des gisements aurifères du pays de Manica. Depuis les premiers travaux de prospection entrepris par la Compagnie de Mozambique, personne n'a fait entendre une opinion discordante. Tous ceux qui ont eu la curiosité d'aller sur les lieux constater la réalité des merveilles décrites sont revenus véritablement enthousiasmés.

Dans cette œuvre particulièrement dédiée au public français, il est préférable de reproduire les renseignements précis et techniques envoyés par des ingénieurs français.

Voici un rapport de M. Mourgues, ingénieur des Arts et Manufactures, qui a remplacé son collègue M. de Llamby dans la direction des travaux miniers effectués pour le compte de la Compagnie de Mozambique. Le rapport date du mois de juin dernier. Il s'agit de la découverte toute récente de gisements aurifères dans la haute vallée du Revue, c'est-à-dire dans le bassin hydrographique du Busi, dont la superficie entière appartient, sans contestation possible, aux territoires concédés, par charte royale, à la Compagnie de Mozambique :

RAPPORT DE M. MOURGUES, INGÉNIEUR DES ARTS ET MANUFACTURES

Massi-Kesse, 25 juin 1891.

Monsieur l'administrateur délégué de la Compagnie de Mozambique.

Lisbonne.

MONSIEUR,

J'ai l'honneur de vous informer que MM. Stanford et Allridge, prospecteurs munis d'une licence délivrée par M. Clément, ont découvert deux veines de quartz à 3 milles au sud de Massi-Kesse sur la chaîne de montagnes qui sépare du Revue le Munene, un de ses importants affluents de droite. Dès que j'ai été informé de cette découverte, j'ai été visiter ces deux veines et je me hâte de vous donner tous les renseignements que j'ai pu réunir à leur sujet.

Elles sont situées sur le sommet de la montagne et courent à peu près dans une direction est-ouest. Les prospecteurs n'ont pas suffisamment reconnu ces veines pour pouvoir déterminer exactement leur direction. — Les deux courent parallèlement l'un à l'autre à une distance de 15 à 20 mètres. La veine du côté nord est inclinée vers le sud et la veine du côté sud incline vers le nord à peu près sous le même angle, du moins dans la partie qui a été mise à nu par trois petites tranchées faites en travers de deux veines et à la surface seulement. De sorte qu'elles présentent

CROQUIS DES RÉGIONS DE MASSIKESSE ET DU MUTARI

Échelle des longueurs : Approximation, 5 m/m pour 1000 mètres.

N.-B. — Les parties hachées sont celles où se trouvent les travaux les plus importants.

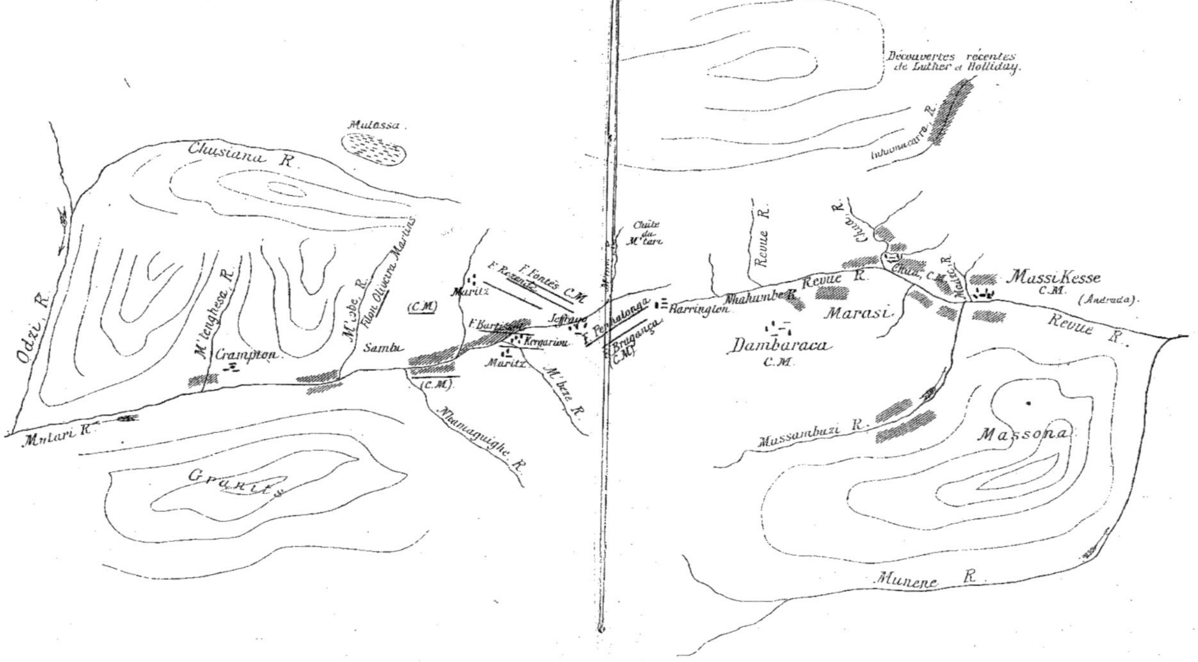

Mutassa
Chusiana R.
Odzi R.
M'tenghesa R.
Crampton
M'obe R.
Filon Oliveira Martins
(C.M)
Sambi
(C.M)
Mutari R.
Granits
Nhamaguighe R.
Maritz
F. Rezende
F. Fontes C.M
F. Bartissol
Kergariou
Maritz
M'beze R.
Jeffrays
Penhalonga
Bragança (C.M)
Chûte du M'tari
Harrington
Découvertes récentes de Luther et Holliday
Inhumacarra R.
Revue R.
Chua R.
Nhahumbe R.
Revue R.
Marasi
Dambaraca C.M
Massi Kesse C.M. (Andrada)
Revue R.
Massambuzi R.
Massona
Munene R.

l'aspect suivant. — Si aucun changement ne se produit dans l'inclinaison de ces deux veines, il est probable que nous nous trouvons en présence d'un filon qui, près de la surface, a dû se diviser en deux veines, l'une s'inclinant vers le nord et l'autre vers le sud. Mais rien ne peut être fixé à ce sujet tant que des travaux en profondeur n'auront pas été exécutés.

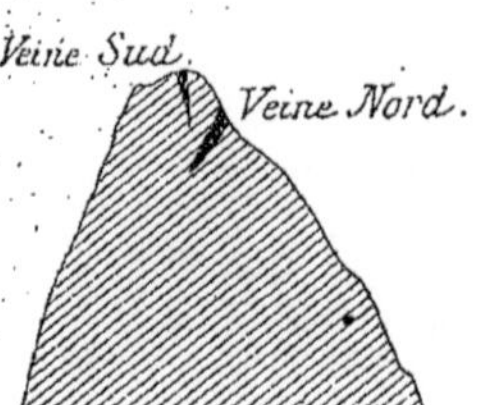

Le quartz de ces deux veines est identique. Il est blanc laiteux, marbré de taches bleues et extrêmement compact. Dans les points où elles ont été mises à nu, elles présentent une épaisseur de 1 m. 20 à 1 m. 50 et sont comprises entre une couche épaisse de schiste mico-talqueux et une couche de grès.

Les échantillons qui m'ont été montrés par MM. Stanford et Allridge et qu'ils ont écrasés devant moi ont donné un excellent résultat, et pour m'assurer que ces échantillons n'étaient pas spécialement choisis, j'ai fait casser devant moi dans chacune des trois tranchées un certain nombre d'échantillons pris au hasard. Ces échantillons, écrasés et lavés, m'ont donné un résultat aussi bon que les précédents et qui peuvent s'estimer à 2 ou 3 onces d'or par tonne de quartz, soit de 60 à 95 grammes par tonne. L'or est fin et accompagné d'une grande quantité de fer.

Ces résultats me font espérer que cette découverte aura un bon avenir, mais ce n'est encore qu'un résultat de surface et ce n'est que dans quelques mois, quand des travaux auront été faits, que l'on pourra décider définitivement de la valeur réelle de cette propriété.

MM. Stanford et Allridge se sont réservé 30 claims et ils sont en ce moment occupés à reconnaître leur parcours pour pouvoir faire la délimitation.

La situation de leurs claims est exceptionnellement favorable et permettra de faire les travaux de recherche avec une dépense relativement peu élevée. En effet, du côté du sud, la montagne présente une pente assez abrupte, et une galerie à flanc de coteau de double longueur permettra de recouper le ou les filons à une profondeur de 40 mètres.

Au point de vue de l'exploitation ultérieure, s'il y a lieu, la propriété ne peut être située dans de meilleures conditions, comme vous pourrez vous en rendre compte par le croquis que je joins à cette lettre. Elle est portée de deux rivières et sera de plus à proximité du chemin de fer, quelle que soit la vallée qui soit choisie pour sa construction, et en attendant la route de Chimoyo à Mutari passe justement au pied de la montagne du côté sud. Ceci donnera toute facilité pour amener le matériel lorsqu'il sera nécessaire. — Le bois abonde sur toute la propriété et, bien qu'il soit de petit échantillon, il est suffisant pour les besoins de la mine.

. . . .

Croquis des filons récemment découverts à Massi-Kesse.

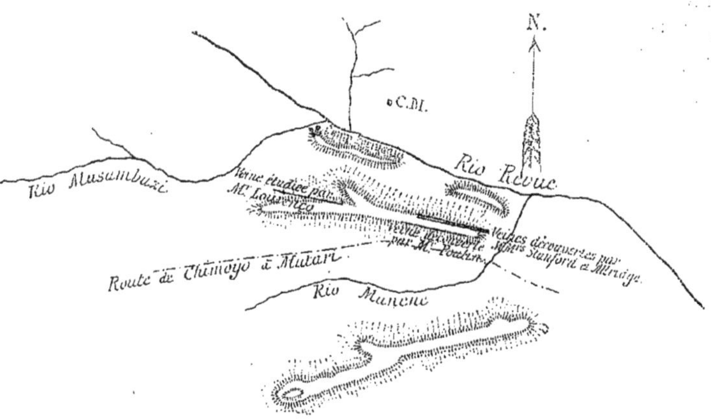

En même temps, MM. Poulin et Lourenço, sous leur concession, ont commencé à étudier le premier une veine de quartz parallèle à celles de MM. Stanford et Allridge, et à une centaine de mètres plus au sud, et le second, une veine qui, sans aucun doute, est le prolongement de l'une des trois veines déjà mentionnées.

. . . .

De Mutari, M. Jeffreys est venu nous voir la semaine dernière et nous a donné les meilleures nouvelles du filon Rezende. Il a reconnu aujourd'hui le filon à 70 pieds de profondeur et a poussé une galerie sous les travaux anciens qui longent le filon, et nous dit qu'il a retrouvé la veine sur laquelle les anciens travaillaient, et qu'elle lui donne de meilleurs résultats que jamais. Mais je ne peux vous donner que les indications de M. Jeffreys, n'ayant pas vu les travaux exécutés.

Je vous apporterai des échantillons de quartz de la propriété de MM. Stanford et Alldridge, afin que vous puissiez les faire analyser, si vous le jugez convenable.

Veuillez agréer, Monsieur, l'expression de mon respectueux dévouement.

D. Mourgues.

Le rapport publié ici de M. Mourgues, ingénieur civil français, et les rapports de son collègue et prédécesseur, M. de Llamby, ne sont relatifs qu'aux découvertes de filons de quartz aurifère, aux alentours de Massikesse. Les gisements de la vallée du Mutari, affluent de l'Odzi, qui se déverse lui-même dans le Sabi, et les gisements de la vallée du Munene, affluent du Revue, dont les eaux appartiennent au bassin du Busi, font en quelque sorte partie de la même masse minérale, qui affleure, de-ci de-là, entre les couches de schiste et de grès, dans le même massif montagneux.

Tout indique néanmoins que la surface entière du pays de Manica réserve aux chercheurs d'or les agréables surprises qui ont récompensé le travail de prospection dans les alentours de Massikesse.

Les hautes vallées du Lusiti, dont les montagnes présentent sur la ligne de faîte le même caractère de formation géologique, doivent nécessairement renfermer des gisements aurifères aussi riches que ceux du pays de Manica. Les premiers explorateurs qui, comme M. Païva d'Andrade, ont pu recueillir, par la longue fréquentation des noirs indigènes, les renseignements les plus sûrs, sont enclins à croire que les découvertes aurifères dans la haute vallée du Lusiti et dans toute la chaîne de montagnes qui s'étend au sud de Massikesse, seront de beaucoup les plus merveilleuses. Les lecteurs de ces notices sur les provinces de Manica et de Sofala savent que cette région est celle dont le climat, la fertilité du sol et l'aspect pittoresque des sites assurent le plus bel avenir à la colonisation européenne.

La prospection des champs d'or enfouis entre les roches, attirera en foule les hardis pionniers du vieux monde ; mais c'est la beauté et la salubrité de la nature alpestre qui attacheront à ce sol merveilleux tous les blancs venus pour y chercher fortune.

Les montagnes du pays de Manica possèdent une influence d'attraction à nulle autre pareille : il n'est pas d'Européen qui ne désire les revoir, après les avoir vues.

LES MINES D'OR DU TRANSVAAL

Les feuilles de copie de ces notices sur la richesse des gisements aurifères de Manica étaient déjà remises aux typographes, lorsque les derniers courriers de Beira ont apporté des renseignements nouveaux sur les mines d'or de la vallée du Mutari, ou Umtari, d'après l'appellation anglaise. Les résultats constatés dépassent les prévisions les plus optimistes. Des galeries ont été creusées sur le filon Penhalonga jusqu'à la profondeur de trois cents mètres, et la veine n'est pas encore entièrement reconnue.

Les ingénieurs anglais qui dirigent les travaux de prospection pour le compte de MM. Jeffreys et Cie, sous-concessionnaires de la Compagnie de Mozambique, disent que les richesses découvertes sont si grandes et si belles que l'affirmation de leur existence sera considérée en Europe comme invraisemblable.

Les travaux d'exploration, conduits par M. de Kergariou sur le filon Bartissol ne sont pas moins extraordinaires.

M. Lionel Dècle, chargé par le gouvernement français de mission scientifique dans l'Afrique australe et orientale, a envoyé à l'un de ses amis à Paris une lettre écrite dans le Mashonaland. M. Lionel Dècle y raconte les difficultés premières de l'occupation du pays par les pionniers anglais. A propos des gisements aurifères, le savant français se fait l'écho de tous les récits merveilleux qui circulent dans le pays au sujet des magnifiques prospections faites au Mutari près de Manica.

M. Lionel Dècle, qui a écrit du fort Victoria le 30 août dernier, ne donne que par ouï-dire des renseignements sur les gisements aurifères des environs de Massikesse. Il ne s'était rendu compte de ses propres yeux que des grands travaux miniers entrepris par les Anglais dans les montagnes du Mashonaland.

Mais, des renseignements venus de tous les côtés pour éclairer le public sur l'importance des richesses d'or récemment découvertes dans cette partie de l'Afrique, il résulte que l'on doit considérer le massif montagneux des provinces portugaises de Manica et de Sofala comme le prolongement des montagnes du Transvaal. Les recherches déjà faites aux environs de Massikesse et aux sources de Lussiti, les grands travaux miniers entrepris avec une confiance complète auprès des hauts affluents du Revue et dans la merveilleuse vallée du Mutari, les explorations méthodiques des gisements aurifères près du fort Salisbury et du fort Victoria dans le Mashonaland, les vestiges innombrables de fouilles et d'exploitations anciennes que l'on rencontre un peu partout dans les montagnes de ces pays, tout donne la certitude que le massif montagneux au nord du fleuve Limpopo n'est que le prolongement géographique et minéralogique du Transvaal. Au point de vue orographique, c'est en quelque sorte la même contrée. Le Mashonaland appartient comme le Transvaal au grand bassin hydrographique du Limpopo. On retrouve naturellement au pays de Manica et de Sofala les mêmes caractères géologiques que dans les districts du Transvaal.

Cette étude sur les gîtes aurifères des provinces portugaises au nord du Limpopo ne serait donc pas complète si l'on omettait de relater ici le résultat des exploitations minières dans le Transvaal. *L'Economiste Français*, dans son numéro du 15 octobre 1892, a publié justement un article très documenté de M. J.-M. Bel, ancien élève de l'Ecole Polytechnique, ingénieur civil des Mines ; nous le publions ci-dessous en son entier pour que le lecteur ait sous les yeux un tableau exact des rendements progressifs de la production de l'or dans la Nouvelle-Californie africaine, dont nous essayons de décrire les beautés et les richesses encore inconnues :

Les Mines d'or du Transvaal.

La République sud-africaine du Transvaal est située à cheval sur le vingt-cinquième parallèle sud, suivant lequel court la chaîne des monts Magaliesbergen, perpendiculaire aux monts du Drakenberg. Ceux-ci, se poursuivant plus au sud parallèlement à la côte orientale de l'Afrique australe, entre la République d'Orange et la colonie anglaise de Natal, forment avec les premiers la ligne de partage des eaux de deux grands bassins : celui du fleuve Crocodile ou Limpopo dont le cours, en demi-circonférence, sert de limite septentrionale au Transvaal et va tomber ensuite dans la mer des Indes; et celui du fleuve Orange, aux sinuosités immenses serpentant de l'est à l'ouest pour gagner l'océan Atlantique. La rivière du Vaal est un des principaux affluents de ce dernier fleuve et constitue la limite méridionale du pays qui nous occupe et dont le nom dérive précisément de cette situation géographique.

Les contrées limitrophes du Transvaal sont : à l'est, la colonie portugaise de Mozambique ou de Sofala, le Zwazieland et le Zululand, qui privent le Transvaal de tout port de mer; au sud, l'Etat libre d'Orange; au nord, le Matabeleland, et, à l'ouest, le Bechuanaland, deux vastes dépendances de la colonie anglaise du Cap, toujours grandissante vers le nord, dans ce colossal hinterland britannique de l'Afrique australe.

Constitué par des hauts plateaux situés, en moyenne, par 1,000 à 1,500 mètres d'altitude, le Transvaal a l'aspect général d'un pays de plaines.

Il résulte de ces altitudes que, malgré une latitude tropicale, le climat est tempéré. Cette région de hauts plateaux, disposant de part et d'autre d'une ligne de partage des eaux, ne peut présenter que des rivières à très faible débit; de plus, les pluies manquent totalement pendant six mois de l'année (saison sèche ou hiver), de telle sorte que les industries agricoles ou minières ont dû surmonter de ce chef certaines difficultés.

Le Transvaal, avant l'arrivée des blancs, était occupé par un groupe de la grande famille cafre, celui des Basutos. Les Boërs, dont tout le monde connaît la double origine hollandaise et française, s'y établirent pour abriter leur indépendance contre l'envahissement de la race britannique à laquelle ils infligèrent, en 1881, les plus sanglants échecs. Ils ont organisé un gouvernement représentatif où le pouvoir exécutif est confié à un Président et à des ministres, le pouvoir législatif, à une Chambre, la Volksraad, qui tout récemment a été ouverte aux étrangers.

Avant l'immigration anglaise, le pays était occupé exclusivement par les Boërs qui s'étaient partagé la contrée en 20,000 lots de terrains ou fermes, dont 4,000 formaient le domaine de l'Etat, et les 16,000 autres, les domaines particuliers. La race cafre continua à vivre dans ses villages de culture et de chasse, mais fut tenue dans une sorte de servage vis-à-vis du Boër, propriétaire du sol.

Cette société transvaalienne, si simplement constituée, pouvait s'élever à 80,000 Boërs avant 1889; les indigènes cafres formaient une population d'environ 300,000 âmes pour une superficie de 315,590 kilomètres carrés, correspondant à une densité de population de 1,27 par kilomètre carré.

Déjà, en 1867 et 1868, divers prospecteurs, ou chercheurs de mines, avaient découvert des gîtes aurifères au Transvaal, notamment dans les districts de Lydenburg, de Kaap, etc. Plusieurs mines furent montées, donnant une modeste production et l'attention publique s'en occupa fort peu. Ces gisements étaient constitués par des filons de quartz aurifère ou par des alluvions, qui ne différaient pas, géologiquement parlant, des gisements aurifères exploités dans les autres parties du monde.

D'ailleurs, les Boërs et leur gouvernement étaient peu disposés à favoriser les inventeurs de mines, à cause de la crainte de l'envahissement, même pacifique, de leur pays par l'étranger.

En 1884 ou 1885, on découvrit à une certaine distance, à l'ouest de la ville d'Heidelberg, au pied même d'une partie de la chaîne de partage appelée Witwatersrand ou Rand, des gisements aurifères d'une autre nature, auxquels les voyageurs n'avaient jusqu'ici prêté aucune attention ; c'était en effet des bancs ou couches d'une sorte de conglomérat ou de poudingue (*banket* en hollandais), courant de l'est à l'ouest sous une étendue considérable, et ne différant pas à première vue de toute autre formation de poudingue compact des époques géologiques anciennes. Ces formations, à l'exception des conglomérats ou graviers aurifères d'époques géologiques plus récentes, n'avaient jusqu'ici donné lieu à aucune exploitation de métal précieux, du moins sur une échelle importante.

La découverte de ce nouveau genre de gisement doit être attribuée aux frères Struben, et cette découverte porta en un point de l'immense série de couches connue aujourd'hui sous le nom de *Main Reef*, qu'après les Struben, d'autres chercheurs à leur suite, J. Bautjes, Walker, Ferreira, Villiers, etc., reconnurent sur une étendue de 45 kilomètres environ. En 1886, le gouvernement des Boërs se décida à battre monnaie sur ces découvertes et il proclama ouvertes aux exploitations publiques neuf fermes situées sur le Main Reef. Une nombreuse immigration, venant des colonies anglaises voisines et d'ailleurs, créa le premier noyau de la ville naissante de Johannesburg, simple campement des mineurs, situé sur le Rand par 1,750 mètres d'altitude, sur l'arête même de partage des eaux.

A cette époque, Kimberley était devenu, pour les diamants, un centre minier d'une importance considérable, et les découvertes faites au Transvaal y rencontrèrent d'abord beaucoup de sceptiques. On objecta que ces gîtes de banket disparaîtraient à peu de distance de la surface. Peu à peu les explorations en cours d'approfondissement détruisirent cette opinion ; les capitalistes de Kimberley et, à leur suite, ceux de Londres, commencèrent à accorder leur confiance à l'avenir des nouveaux gisements du Rand et l'exode commença vers ce nouvel Eldorado, pour se continuer activement durant les années 1888 et 1889. Les Compagnies les plus puissantes et les plus nombreuses se constituèrent, une véritable fièvre s'empara des esprits au Cap et à Londres, et, en 1888, il n'y avait déjà pas moins de 187 Compagnies enregistrées dans le pays pour l'exploitation de ces gîtes de banket, sans compter celles, aussi nombreuses, enregistrées en Angleterre ; ces 187 Compagnies représentaient un capital de 9,400,000 liv. sterling, ou de 235 millions de francs, dont un tiers environ était versé. A Paris, on se montra assez réservé vis-à-vis de ces nouveaux *champs d'or*.

A mon arrivée en Afrique, en mars 1890, l'enthousiasme qui régnait en Europe sur ces nouvelles mines, le *boom*, comme on l'appelait, commençait à décliner.

Cependant, le Transvaal possédait une véritable richesse dans ses gisements de banket aurifère, au pied desquels, en deux ou trois années, s'était élevée une ville de plus de 20,000 âmes : Johannesburg, peuplée presque exclusivement d'immigrants anglais et de quelques Allemands.

Si les cours d'eau des environs n'étaient que des ruisseaux, l'industrie naissante les avait admirablement aménagés au moyen de nombreux barrages pour retenir l'eau nécessaire, sinon à la force motrice, du moins au broyage humide des minerais. De plus, au voisinage immédiat des gîtes aurifères, d'importants gisements de charbon minéral permettaient à l'industrie minière de prendre immédiatement tout son essor par la production d'une force motrice d'un prix peu élevé. L'activité des chercheurs de mines les avait conduits, en outre, à découvrir au voisinage de Pretoria, la capitale du pays, de très beaux gîtes argentifères,

dont la production, dans un avenir très prochain, ne peut manquer d'être importante et d'apporter sa part d'influence sur le marché de l'argent, déjà si déprécié par l'abondante production des autres parties du monde.

A côté de l'argent, nous citerons le cuivre qui s'y trouve souvent associé et d'autres minerais tels que le fer, le plomb, le cobalt, le mercure et le sel, dont les exploitations sont pour le moment négligées, mais qui pourront former la réserve de l'avenir.

En même temps, dans tout le reste du pays, dans les districts du Zoutpansberg, de Barberton, de Lydenberg, de Malmanie, etc., la recherche de l'or continuait d'accroître les connaissances qu'on avait depuis longtemps des gisements aurifères ordinaires, filons et alluvions du Transvaal qui n'offraient point les particularités remarquables des gîtes de banket, mais qui permettaient à des mines comme la Sheba et d'autres de fournir un appoint important à la production des métaux précieux du pays, appoint susceptible d'augmentation aussi dans l'avenir.

Revenons au Witwatersrand et donnons quelques détails sur la richesse de ce groupe remarquable de couches aurifères qu'on appelle le Main Reef (*Reef* signifie *gîte métallique en filon ou couche*). Il comprend six couches, dites : North, Main, Leader, Central, Middle et South Reef ; il est en position plus ou moins inclinée sur la chaîne de partage des eaux du Rand, chaîne dont la masse est formée de roches cristallines (dioritiques et syénitiques.) Les couches de banket sont séparées les unes des autres par d'autres assises parallèles formées de grès ou de schistes ; parmi ces couches, les deux dernières, le Middle et le South Reef, celle-ci surtout, sont généralement les plus riches, bien que beaucoup moins puissantes que le Main Reef même. Nous avons déjà dit que l'étendue de ce groupe en affleurement, c'est-à-dire en longueur horizontale, n'est pas moindre que 40 à 50 kilomètres. La présence de l'or, quoique constante sur toute cette étendue, scientifiquement parlant, n'est pas partout, il s'en faut de beaucoup, en quantité rémunératrice ; mais il existe une partie centrale de l'étendue de cet immense affleurement, grand lambeau de 4 à 5 kilomètres de longueur, formant comme une vaste colonne de richesse à très peu près continue, bien que présentant quelques failles et quelques lacunes, ayant à ses extrémités les mines de Langlaagte et Meyer and Charlton inclusivement, et dont l'importance est comparable aux plus puissantes parties riches connues dans les gîtes métallifères.

Les exploitations des Compagnies dont nous donnerons le

détail ci-après sont comprises dans cette partie; parmi elles se trouve la Robinson, si légitimement appelée la reine du Rand et qui est le plus beau fleuron du groupe. La Compagnie Robinson représente en effet un capital nominal de 2,750,000 liv. st. ou de 68 millions de francs qui, au cours du jour, soit de 90 francs par action de 5 liv. st., représentent environ 50 millions de francs; sa production mensuelle atteint à peu près 1,400,000 fr. de lingots, c'est-à-dire le septième de la production totale du pays.

En dehors de cette partie riche centrale, il existe, mais en plus petit nombre et situées isolément sur le Main Reef, d'autres mines rémunératrices, telles que Simmer and Jack, Durban Roodeport, etc. Enfin, en outre de la série des couches du Main Reef on a découvert d'autres groupes de gisements de banket, mais jusqu'ici il n'y a eu, sur ces autres groupes, que la mine Nigel, près d'Heidelberg, qui ait donné des rendements élevés.

Après la crise des deux dernières années, les mines que nous venons de signaler et quelques autres ont suffisamment démontré que si ces gisements du Rand avaient conduit à beaucoup de désastres, cela provenait surtout de l'aveuglement avec lequel on s'était jeté dessus, et que le choix des mines, judicieusement fait, permettait, non seulement de rémunérer avantageusement les capitaux investis, mais même que le Transvaal et ce district du Rand, presque à lui seul, étaient capables de devenir un des quatre ou cinq plus grands facteurs de la production de l'or dans le monde.

Nous nous bornerons à citer quelques chiffres pour donner l'évidence des points qui précèdent.

Dans les tableaux mensuels de production publiés par la Chambre des Mines de Johannesburg, nous relevons pour le mois de juin 1892, par exemple, la production de 103,252 onces anglaises de lingots d'or ou 3,211 kil., représentant une valeur de 10 millions de francs environ. Sur cette production, la région riche centrale du Main Reef que nous venons de signaler a donné, pour chacune des mines qui s'y trouvent situées, la production suivante :

Noms des mines	En onces anglaises (1)	En kilogrammes.
—	—	—
	vk.	ozs.
City and Suburban.	2.323	71.6
Crow Reef.	5.775	179.5
Ferreira.	3.467	107.8
Johannesburg Pioneer	816	25.4
Jubilee.	724	22.6
Langlaagte Estate.	7.204	224.1
Langlaagte Block B.	1.994	62.0
Meyer and Charlton.	1.758	54.7
Robinson.	14.828 (2)	461.3
Salisbury.	1.968	1.26
Village Main Reef.	505	15.7
Wemmer	1.444	44.9
Worcester.	1.294	40.2
Total.	44.100	1.371.0

soit près de la moitié de la production totale.

Parmi les mines de Transvaal, celles dont le rendement par tonne est supérieur à 13 vingtièmes d'once, c'est-à-dire à 20 grammes, rendement qui est très largement rémunérateur en ce pays pour des gisements de banket, sont les suivantes, pour le mois de juin 1892 :

Noms des mines.	Rendement par tonne de minerai traité	
	En dwt. (3)	En grammes.
—	—	—
Henry House.	17. »	26.4
Johannesburg Pioneer.	13.45	21.0
Jubilee.	15.43	23.9
Meyer and Charlton.	13.95	21.6
Modderfontein.	15.77	24.4
Robinson.	19.28	29.9
Salisbury.	23.40	36.0
Simmer and Jack.	15.14	23.5
Village Main Reef.	14.97	23.2
Wemmer.	15.35	23.8
Nigel.	31.26	48.5
Rietfontein Estate.	15.86	24.6
New Chimes.	13.34	20.6

toutes sur le Main Reef, à l'exception des trois dernières.

(1) L'once anglaise est ici le 1/20 de la livre troy et vaut 31 grammes, 103,496.

(2) Dont 2,746 proviennent de concentrés achetés.

(3) Ce signe dwt. signifie *pennyweight* = 1/20 d'once.

L'historique statistique de la production annuelle du Witwatersrand depuis l'origine est représenté par les nombres suivants :

Année	1887. . . . . Francs.	34.897
—	1888.	20.782.530
—	1889.	34.175.970
—	1890.	44.528.040
—	1891.	65.658.410
—	1892 (sept mois).	60.427.549
	Total. . . . Francs.	225.607.396

Dans un autre ordre d'idées, si l'on représente par 100, en prenant pour unité un million de francs, la production de l'année 1892, la marche de la production annuelle de 1887 à 1892 inclus est représentée par la série des nombres

0.03 21 34 44 1/2 66 100

dont les différences deux à deux consécutivement sont :

21 12 10 22 1/2 34

L'on voit que ces différences, après avoir décru au voisinage de l'année de crise, non seulement se soutiennent, mais semblent augmenter depuis lors et, jusqu'ici du moins, comme les termes d'une progression arithmétique dont la raison serait 12. Quand cette différence sera nulle, la production sera devenue constante pour chaque année, c'est-à-dire qu'elle restera stationnaire. Il semble donc qu'il n'y a pas encore lieu d'avoir des craintes sur l'arrêt de cette production.

Aujourd'hui, avec une production de 10 millions de francs de lingots d'or par mois; production qui semble devoir au moins se soutenir, on ne peut plus ne pas prendre au sérieux de pareils chiffres, et le Transvaal ne peut manquer d'acquérir, dès à présent, non seulement un équilibre économique moins mouvementé que celui des temps héroïques de la mise en exploitation de ses nouveaux gisements, mais même, il ne nous semble pas prématuré de dire que l'avenir lui destine un rôle important, parmi les Etats en formation de ce continent africain que les nations européennes convoitent à si juste titre. En effet, Johannesburg et Pretoria vont être incessamment les points de convergence de toutes les grandes voies ferrées de l'Afrique australe ; le Transvaal sera ainsi ouvert au trafic de quatre grandes lignes au moins : celle venant de Delagoa-Bay et de la colonie portugaise, libre de tout parcours en pays anglais ; celles du Cap et de Natal, traversant les colonies anglaises, et enfin celle qui desservira l'Etat libre d'Orange.

Les chemins de fer rendront les conditions économiques du pays plus raisonnables. Jusqu'ici, en effet, la cherté excessive de toutes choses, dans le Rand, était un obstacle au développement progressif du pays.

Le Trésor public des Boërs, presque nul en 1886, a vu ses caisses se remplir rapidement par le produit des redevances minières qui étaient et sont encore considérables ; elles étaient, pendant notre séjour, de 27 francs par mois pour chaque *claim* ou portion de terrain minier concédé, d'une étendue de 400 sur 150 pieds anglais ou de un demi-hectare environ ; ces taxes ont été un peu réduites depuis quelque temps. Le crédit de l'Etat a pu s'affermir ainsi jusqu'au point de pouvoir contracter tout récemment son premier emprunt européen.

Mais cette situation prospère et brillante va-t-elle ne pas s'éteindre brusquement ? Les mines d'or qui en ont été la principale cause ne sont-elles pas destinées à s'épuiser soudainement ? Les exploitations minières qui suffisent à donner la colossale production que tout le monde constate aujourd'hui sont loin d'avoir atteint les grandes profondeurs ; la plus profonde, celle du village Main Reef, a atteint à peine 200 mètres et la plupart des autres ne dépassent pas 150 mètres. La continuité de ces immenses couches de banket a été démontrée par des sondages jusqu'à des profondeurs presque doubles.

De plus, la plupart des mines, sinon toutes, se sont bornées à exploiter seulement les deux couches les plus riches de la série du Main Reef, et ces couches sont les moins puissantes. Enfin, jusqu'à l'année 1891, on n'avait pas extrait l'or des minerais sulfureux ou pyriteux, qui dans ce conglomérat aurifère, à mesure qu'on va en profondeur au-dessous de 50 à 60 mètres, forment une grande partie du minerai tout venant. Cette question, après avoir soulevé des craintes non justifiées, a été résolue avec succès, depuis plus d'une année, par l'application des procédés de chloruration et de cyanuration. Déjà un dixième de la production actuelle provient ainsi du traitement des minerais pyriteux. Il n'y a pas à craindre que les minerais pyriteux, qu'on trouve plus abondants à mesure que les mines s'approfondissent, n'offrent des difficultés de traitement et un obstacle à la continuation du rendement des mines.

Il reste donc encore pour des années à venir une abondante moisson à recueillir qui ne saurait être moindre que l'ensemble de la récolte déjà faite, s'élevant fin juillet 1892 à 220 millions de francs.

Bien que l'importance de cet article ne nous ait pas permis de développer beaucoup les considérations qui précèdent, elles seront, nous l'espérons, suffisantes pour permettre au lecteur, non pas de supputer exactement le nombre d'années que durera encore la récolte, mais d'apprécier la valeur des bases sérieuses trop sommairement indiquées ici, sur lesquelles repose déjà solide l'avenir de l'Etat du Transvaal.

En résumé, la découverte des gîtes aurifères du Witwatersrand aura été un des faits les plus remarquables de l'histoire des mines de métaux précieux dans cette fin de siècle ; cette découverte semble devenir, d'ores et déjà, peut-être aussi importante et aussi féconde que l'ont été celles de la Californie et de l'Australie dans le cours de notre siècle.

J.-M. Bel,

Ancien élève de l'Ecole Polytechnique,
Ingénieur civil des Mines.

CHAPITRE V

VOIES DE COMMUNICATION

Voies fluviales. — Les notices géographiques sur les cours d'eau qui arrosent les territoires concédés par charte royale à la Compagnie de Mozambique, ont indiqué déjà quelles sont les voies fluviales qui peuvent être utilisées tout de suite pour la navigation.

Le Zambèze au nord, le Sabi au sud, le Pungue et le Busi dans l'intérieur des provinces de Manica et de Sofala, sont des routes naturelles pour faciliter vers les ports de l'Océan l'écoulement de toutes les richesses minières, agricoles et forestières du pays.

Des services réguliers de bateaux à vapeur sont déjà établis sur le Zambèze entre Chinde, à l'embouchure du chenal le plus profond du Delta, et Tete, le principal établissement portugais de la basse Zambézie.

Les estuaires du Pungue et du Busi, qui sont en quelque sorte le prolongement du magnifique port de Beira, ont été sondés avec soin. Les deux routes fluviales ont été balisées jusqu'au point où les navires de fort tonnage peuvent remonter les cours d'eau.

On a déjà lu autre part combien il serait facile d'aménager une grande voie de communication entre le Zambèze et l'estuaire du Pungue, en suivant le chapelet de lagunes et de canaux qui, aux périodes de hautes crues, établit la jonction naturelle des eaux entre les deux fleuves.

Chemin de fer. — Deux tracés de chemin de fer ont été étudiés pour relier Massikesse, centre des gisements aurifères reconnus du pays de Manica, au port de Beira, devenu aujourd'hui la véritable capitale des possessions de la Compagnie de Mozambique.

L'un des tracés plaçait la tête de ligne sur la rive droite du Busi, à 40 kilomètres environ de Beira. Une nouvelle ville, baptisée déjà du joli nom de Lusitania, doit être fondée près du village indigène de Jobo, sur la rive gauche du Busi. Le tracé remontait la basse vallée de ce fleuve et toute la vallée de son plus gros affluent de gauche, le Revue, en longeant les pentes méridionales des monts Inhaoxo et Ourere. La voie débouchait vers les sources de la rivière Menene, sur un plateau assez large, à quelques kilomètres de Massikesse. La dernière station, à 300 kilomètres environ de Lusitania ou Jobo, était établie sur un point duquel il était facile de prolonger la voie ferrée, en passant la ligne de faîte entre les deux bassins hydrographiques du Busi et du Sabi, pour descendre dans la riche vallée du Mutari, à travers les claims des plus grandes exploitations minières du pays.

Une variante du tracé de chemin de fer partant de Jobo, contournait vers les pentes septentrionales des monts Inhaoxo pour traverser la rivière Mutuchira et remonter la vallée du Pungue par Chimoio et jusqu'à Massikesse.

Le tracé par la vallée du Revue et la variante par Chimoio ont été étudiés par un ingénieur civil français au service de la Compagnie de Mozambique, M. E. Pouhin, dont les rapports sur la région qu'il a parcourue pas à pas constatent l'abondance extrême des cours d'eau et la puissance extraordinaire de la végétation.

Dans une œuvre qui se propose de faire connaître au public combien la colonisation européenne est sûre de prospérer au pays de Manica et de Sofala, on ne saurait trop insister sur la concordance parfaite de tous les avis personnels émis par des hommes compétents, relativement à la fertilité du sol et à la salubrité du climat. A quelque nationalité qu'ils appartiennent, Anglais, Français, Allemands ou Portugais, prospecteurs, ingénieurs, ou savants explorateurs, tous demeurent d'accord sur la richesse inouïe des gisements aurifères dans les montagnes et sur les forces productives énormes dans les vallées de cette région du Sud-Est africain.

Après des études faites par des ingénieurs anglais au service de la Compagnie finalement chargée des travaux de la construction du chemin de fer, le tracé par les vallées du Busi et du Revue a été abandonné. Le chemin de fer part de Beira dont l'extension en quelque sorte spontanée est déjà trop considérable pour l'on puisse avoir l'idée de la déplacer. Des compagnies se sont formées pour l'exploitation de lignes de tramways, pour l'adduction d'eau potable, et pour la construction de quais de débarquement avec l'outillage mécanique le plus perfectionné. Le colonel Machado, directeur des services publics de la Compagnie de Mozambique, a édicté, d'accord avec le représentant du gouvernement portugais, des règlements municipaux qui délimitent les rues et les places de la nouvelle cité dans un rayon de cinq kilomètres autour des magasins et des docks élevés par la Compagnie de Mozambique.

Le chemin de fer remonte la rive gauche du Pungue et traverse le fleuve à proximité de Neves Ferreira. C'est à Neves Ferreira, situé à 75 kilomètres environ de Beira, que le Pungue cesse d'être navigable pour les bateaux de gros tonnage; la Compagnie de Mozambique y a fondé l'un de ses plus importants comptoirs. La route ou, si l'on préfère, le sentier battu par les porteurs indigènes pour les communications entre Massikesse et Beira, part de Beira et s'engage dans l'intérieur des terres le long des collines qui séparent les bassins de la Muda et de la Mutuchira, deux bas affluents du Pungue. Le chemin s'élève graduellement, et, à partir du mont Chancaroma, se dirige vers Chimoio sur flanc de coteau en traversant les nombreux torrents qui descendent des monts Ourere.

Après avoir franchi le Pungue, le chemin de fer suivra une ligne parallèle au chemin déjà pratiqué entre Neves Ferreira et Chimoio, et desservira les villages de Chuaro, Chibuenda, Casase, Madanjira, Mandiga, et d'autres gîtes d'étape, où des trafiquants de toute catégorie sont déjà en train d'achalander leurs bazars.

C'est la section comprise entre Neves Ferreira et Chimoio qui sera d'abord ouverte à l'exploitation, parce qu'elle traverse la région infectée par la mouche Tsétsé, en attendant que l'expansion des cultures européennes purge la contrée de ce fléau des régions tropicales. A l'heure où nous écrivons, les travaux sont ouverts sur cette section d'une longueur totale de 120 kilomètres environ.

Provisoirement, les marchandises seront transportées par un service régulier de bateaux à vapeur entre Beira et Neves Ferreira ; le transbordement sur wagons aura lieu à Neves Ferreira. Arrivées à Chimoio, les marchandises pourront être transportées facilement à destination, soit dans le centre des exploitations minières de Massikesse, soit dans les comptoirs commerciaux plus lointains récemment fondés par la Compagnie anglaise du Sud de l'Afrique, puisque les bœufs et les chevaux peuvent sans aucun risque de dépérissement être employés comme animaux de trait à travers les immenses massifs montagneux de Manica, de Mashona et de Matebele, où d'excellents pâturages s'étendent de toutes parts.

Une variante au tracé entre Neves Ferreira et Chimoio avait été étudiée par l'ingénieur français M. E. Pouhin pour desservir la station de Sarmento sur la rive gauche du Pungue, en amont des grandes îles formées par les eaux du fleuve divisées en trois branches.

La Compagnie de Mozambique a établi des magasins à Sarmento où des communications par voie fluviale peuvent être commodément entretenues avec Neves Ferreira et Beira surtout pendant les saisons de hautes crues.

Les ingénieurs anglais qui dirigent la construction de la voie ont opté pour le tracé qui s'éloigne au plus vite des bas fonds humides.

C'est après la mise en exploitation de la section comprise entre Neves Ferreira et Chimoio, qui représente la partie immédiatement indispensable de la ligne du chemin de fer, que l'on prendra des dispositions pour construire, sur le Fungue, le pont qui reliera la voie ferrée à Beira. On poussera également les travaux dans la haute section comprise entre Chimoio et Massikesse. La station à ce dernier point sera établie de manière à pouvoir prolonger plus tard le chemin de fer dans les vastes territoires de la Compagnie anglaise du Sud de l'Afrique. La voie ferrée bifurquerait à la gare de Massikesse, en deux lignes, dont l'une descendrait les vallées du Mutari et de l'Odzi et traverserait le Sabi pour aller au fort Victoria, et dont l'autre contournerait le pays montagneux des sources de l'Odsi pour atteindre le fort Salisbury.

Il serait difficile d'évaluer l'importance du chemin de fer de Beira à Massikesse. En jetant un simple coup d'œil sur une carte du sud de l'Afrique, on constate que cette voie parcourt le couloir naturel de communication entre la côte de l'Océan Indien et les massifs montagneux qui sont le centre des établissements miniers et agricoles de la Compagnie du Sud de l'Afrique.

Tout le mouvement du transport des marchandises importées des vastes territoires placés dans la sphère d'influence britannique depuis les districts septentrionaux du Transvaal baignés par les eaux du Limpopo, jusqu'aux bords du Zambèze, se portera inévitablement au port de Beira et alimentera le trafic du chemin de fer de la vallée du Pungue. On a calculé que le transport des marchandises expédiées du Cap pour aller au fort Salisbury coûtait 45 liv. st. par tonne, soit 1,125 francs, et ne s'effectuerait que dans un délai de trois mois pendant la saison sèche. Il ne saurait être question d'un lourd camionnage sur les routes fort imparfaites de ces pays neufs pendant la mauvaise saison. Dès que la première section du chemin de fer sera mise en exploitation, la distance du fort Salisbury à un port de l'Océan sera de douze cents kilomètres plus courte : le transport coûtera trois fois moins cher, en s'effectuant avec rapidité à toute époque de l'année. La route déjà établie entre

Chimoio et le fort Salisbury permet aux grands wagons-charrettes en usage dans le Sud-Ouest africain d'aller et venir sans difficulté d'un point à l'autre.

Les travaux miniers pour la recherche de l'or dans les environs de Massikesse et dans toute la province portugaise de Manica, et la mise en valeur de toutes les richesses naturelles des pays de Mashona et de Matebele par la Compagnie anglaise du sud de l'Afrique, assurent un avenir de prospérité rapide et exceptionnelle au port et au chemin de fer de Beira.

COMPAGNIE DU CHEMIN DE FER DE BEIRA

The Beira Railway Company, limited. — Pour la construction et l'exploitation du chemin de fer de Beira, une puissante Compagnie vient de se constituer à Londres. Le capital de la Compagnie se divise en six cent mille actions d'une valeur nominale primitive d'une livre sterling chacune.

Une première émission de 250,000 obligations d'une livre sterling chacune, produisant un intérêt de 6 0/0 l'an, payable par moitié au 30 juin et au 31 décembre, a eu lieu le 20 octobre 1892.

Ces 250,000 obligations sont remboursables à partir du 30 juin 1922 ; mais la Compagnie du *Beira Railway* se réserve le droit de les rembourser avec une prime de 10 0/0, à partir du 30 juin 1897.

Les « Trustees » pour les obligataires sont MM. :

Robert Benson, Esq., 66, New Broad street. E. C. ;
Carl Meyer, Esq., New Court, St. Swithin's Lane. E. C.

Les directeurs de la Compagnie sont MM. :

Alfred Beit, Esq., directeur de la British South Africa Company ;

Marquis de Fontes, directeur de la Compagnie de Mozambique, à Lisbonne ;

R. Hinrichsen, Esq.;

Rochfort, Maguire, Esq. M. P.

C. Algernon Moreing, Esq., directeur du Comité de Londres de la Compagnie de Mozambique;

Henry T. Van Laun, Esq.

Les banquiers sont MM. :

Sir Samuel Scott, Bart and C°, 1, Cavendish square, W.

Les ingénieurs sont MM. :

Sir George B. Bruce, Past, Président Inst. C. E. 3, Victoria street, S. W.

Sir Charles Metcalfe, Bart., Assoc. M. Inst. C. E. 28, Victoria street, S. W.

Les « solicitors » sont MM.:

Hollams, Sons, Coward et Hawksley, Mineing Lane, E. C.

Le secrétaire de la Compagnie des chemins de fer de Beira est M. John Clulow; les bureaux sont installés, 19, St. Swithin's Lane. E. C., à Londres.

La Compagnie du *Beira Railway* a été formée pour construire et mettre en exploitation une voie ferrée avec gares, quais, entrepôts et docks, qui partira de Beira, à l'embouchure du Pungue, pour se terminer à la limite occidentale des provinces de Manica et Sofala.

Le chemin de fer traverse dans toute sa largeur, de l'ouest à l'est, les territoires qui sont administrés par la Compagnie de Mozambique, en vertu des deux chartes octroyées par le roi de Portugal, les 11 février et 30 juillet 1891.

Comme dans le Transvaal, l'avenir de la contrée dépend de la mise en exploitation des mines d'or et d'argent. La construction des chemins de fer est la clé du développement de toutes les ressources et de toutes les richesses naturelles de ce pays.

Le traité conclu, le 11 juin 1891, entre la Grande-Bretagne et le Portugal accorde à la Compagnie de Mozambique la concession des chemins de fer à construire depuis l'embouchure du Pungue jusqu'à la limite des territoires de la Compagnie anglaise du Sud de l'Afrique.

La Compagnie de Mozambique a cédé, avec l'approbation du gouvernement portugais, la concession des chemins de fer à M. Théodore Van Laun. Aucune nouvelle concession ne peut être accordée par le gouvernement portugais, à cent kilomètres de distance des deux côtés du railway de Beira. Un droit de préférence est donné au concessionnaire pour la construction et l'exploitation de tous les embranchements qui pourraient devenir nécessaires.

Le gouvernement de la Grande-Bretagne a déclaré qu'il considérerait la construction du chemin de fer de Beira comme l'accomplissement des engagements pris à ce sujet par le Portugal, en vertu de l'arrangement conclu le 11 juin 1891.

La Compagnie de Mozambique a accordé au concessionnaire non seulement les terrains nécessaires à la construction du railway, des gares, des quais et des magasins, mais aussi des carrés de terrains d'une superficie de 6,175 acres environ (cinq mille hectares) se succédant alternativement de chaque côté de la voie. Ce qui donne un droit à 10,000 acres de terre en faveur de la *Beira Railway C°* pour chaque mille anglais de chemin de fer construit et exploité.

La *Beira Railway C°* a obtenu le droit de construire une ligne télégraphique le long de la voie, sous la condition que les dépêches du gouvernement portugais seraient transmises gratuitement, et celles de la Compagnie de Mozambique avec une réduction de 50 0/0 sur les prix du tarif ordinaire.

D'après le traité entre le Portugal et l'Angleterre, une taxe de 5 0/0 *ad valorem* doit être perçue sur toutes les marchandises en transit à travers les territoires de la Compagnie de Mozambique entre la côte et la limite des contrées placées sous l'influence britannique. Tous les droits relatifs à la perception de cette taxe ont été cédés au concessionnaire, qui possède en conséquence le droit exclusif de percevoir des taxes ou d'accorder des passe-debout pour le transit des marchandises sur le chemin de fer, pour leur débarquement et pour leur emmagasinage.

La longueur totale du chemin de fer est de 180 milles anglais environ. La première section ouverte avec une largeur provisoire de deux pieds anglais partira de Neves Ferreira sur les bords du Pungue pour aller aussi directement que possible à Chimoio. Le railway traversera d'abord la contrée infectée par la mouche Tsétsé. De Chimoio, une excellente route pour les wagons-charrettes conduit jusqu'au fort Salisbury.

La première émission de 250,000 obligations d'une livre sterling chacune a été faite pour la construction de la section comprise entre Neves Ferreira et Chimoio. Des émissions auront lieu ultérieurement pour la construction des autres sections.

La *Beira Railway Company Limited*, qui s'est formée dans le but de se mettre aux lieu et place du concessionnaire, a acquis la concession au prix de £10,000, plus £ 5,000 pour la levée de plans et les études déjà faites. Le capital de la Compagnie est divisé en 600,000 actions, dont 295,000 reviennent à la Compagnie de Mozambique et aux autres intermédiaires de la concession. Le restant des actions sera gardé en dépôt par la *British South Africa Company* pour la garantie des obligations qui, en sus des obligations, recevront une part de 20 actions pour chaque 20 obligations d'une livre sterling souscrites.

Les certificats des titres seront délivrés par la *South Africa* et serviront aux actionnaires pour toucher une part des bénéfices d'après l'importance des intérêts qu'ils auront placés dans la Compagnie de *Beira Railway*. Les actions remises aux souscripteurs d'obligations et d'autres actions en réserve, s'élevant ensemble au chiffre de 305,000 qui constitue la majorité des titres, assureront à la *South Africa* la prépondérance du contrôle de la Compagnie du chemin de fer dans les votes des assemblées générales d'actionnaires.

Un contrat conditionnel a été passé pour la construction

et la mise en exploitation de la première section ouverte entre Neves Ferreira et Chimoio. D'après les prévisions des propres ingénieurs de la Compagnie du chemin de fer, les travaux de cette section devaient être terminés le 1er janvier 1893; il y a lieu de supposer qu'à cette date la voie ne sera pas encore ouverte au trafic.

Nous venons d'énumérer, pour le lecteur français, les explications essentielles fournies dans le prospectus du *Beira Railway Company Limited* sur la fondation et sur le fonctionnement régulier de cette Compagnie, lors de la première émission de 350,000 obligations d'une livre sterling chacune (6,550,000 francs).

Cette émission était couverte d'avance. Trois navires étaient partis d'Europe, emportant le matériel nécessaire à la construction du chemin de fer. L'adjudication des travaux était faite, et les entrepreneurs étaient désignés.

L'intervention accapareuse de la puissante Compagnie anglaise du Sud de l'Afrique indique bien le caractère reconnu d'utilité indispensable du chemin de fer qui reliera le centre minier du pays de Manica au port de Beira par la vallée du Pungue.

Cette intervention des plus grands capitalistes britanniques indique, en outre, que l'on a fini par où l'on aurait dû commencer, c'est-à-dire par associer financièrement les intérêts internationaux en présence pour tirer profit des richesses aurifères les plus considérables du Sud-Est Africain.

La Compagnie de Mozambique, qui a été d'abord fondée par des capitaux exclusivement portugais et français, accueille avec bienveillance tous les concours, pourvu que les droits qu'elle tient de la Charte octroyée le 20 décembre 1888 par le Roi de Portugal, soient reconnus et intégralement respectés.

L'œuvre de la délimitation des frontières, démarquant les territoires de la *South Africa* et de la Compagnie de Mozambique, n'est pas encore terminée. Nul ne doute du complet accord entre les commissaires nommés par la Grande-Bretagne et les représentants autorisés du roi de Portugal. L'Angleterre s'honorera en se montrant équitable à l'égard d'une nationalité plus faible dont les droits de souveraineté dans cette partie de l'Afrique apparaissent indéniables aux yeux de tout le monde civilisé. La construction du chemin de fer de Beira se fait par l'entente du Portugal et de l'Angleterre; c'est le présage du grand avenir colonial du pays de Manica et Sofala.

PAQUEBOTS-POSTE

desservant les ports de la côte du pays de Manica et Sofala.

Il existe plusieurs voies de communication maritime pour aller aux ports principaux de la Compagnie de Mozambique : Chinde (embouchure du Zambèze), Beira (embouchures du Pungue et du Basi), Sofala, Chiloane, etc.

1° *Mala Real Portugueza.* Les paquebots de la malle royale portugaise partent tous les mois de Liverpool de manière à pouvoir faire le départ officiel de Lisbonne les 21 de chaque mois, à trois heures de l'après-midi. Les paquebots touchent à Marseille et partent de ce port le 25 de chaque mois; ils font escale à Port-Saïd, Aden, Zanzibar; ils desservent ensuite, soit directement, soit par transbordement sur des vapeurs de service côtier, tous les ports de la côte des provinces portugaises de Mozambique. Les ports de Mozambique, de Quelimane, de Chinde ou Inhamissengo, de Beira, d'Inhambane et de Laurenço-Marquès, sont desservis obligatoirement tous les mois par la *Mala Real Portugueza.*

2° La ligne de Madagascar de la Compagnie des Messageries maritimes qui fait les escales de la côte orientale d'Afrique.

3° La ligne de paquebots allemands, partant de Hambourg toutes les quatre semaines, et touchant à Rotterdam, Lisbonne, Port-Saïd et les échelles de la côte orientale d'Afrique.

4° Les grands bateaux de la *British India Steamship* qui viennent de l'Inde et qui touchent à Aden pour établir la correspondance avec les paquebots venant d'Europe avant de se rendre à Zanzibar.

5° Les paquebots-poste de la *Castle Mail packets Company* (Limited) qui partent de **Londres** tous les mercredis de quinzaine à quinzaine, et de **Dartmouth** les vendredis suivants, et font escale à Lisbonne et à Madère, pour les ports anglais de la colonie du Cap et Natal. Les steamers de la Castle Line sont en correspondance régulière avec le port de Laurenço Marquès (Delagoa Bay), et fournissent toutes les quatre semaines des communications directes avec tous les ports de la côte portugaise de l'Afrique orientale, Chiloane, Beira, Chinde, Quelimane et Mozambique.

6° Les paquebots-poste de la *Union Steam Ship Company Limited* qui, par contrat avec les gouvernements du Cap de Bonne-Espérance et de Natal, partent de Southampton les vendredis de quinzaine à quinzaine, font escale à Lisbonne et Madère, et continuent leur voyage pour les ports de l'Afrique du Sud. Les steamers intermédiaires de la *Union Line* partent toutes les deux semaines de Hambourg, touchent alternativement à Rotterdam, Anvers et à Southampton, et font escale aux îles Canaries avant de poursuivre leur route pour tous les ports de l'Afrique du Sud jusqu'à Delagoa Bay.

Le service des malles royales anglaises et portugaises et de toutes les autres grandes lignes de paquebots-poste a des bureaux à Paris, où l'on peut s'adresser pour dates de départ, fret, passage et tous renseignements désirables.

Des services réguliers pour les ports portugais de la côte de Mozambique établissent à Aden et à Zanzibar des correspondances avec les paquebots venant d'Europe passant par le canal de Suez.

Des services réguliers très fréquents pour tous les ports portugais de la côte de Mozambique assurent à Laurenço-Marquès la correspondance avec les paquebots-poste venant d'Europe par le Cap.

La prospérité du port de Beira prend un tel essor que, d'après les dernières nouvelles, un service postal régulier met en communication, six fois par semaine, la capitale des territoires de la Compagnie de Mozambique avec le port de Lau-renço-Marquès qui, quoique portugais, est le débouché maritime principal du Transvaal.

Plusieurs concurrents ont déjà demandé le monopole du service postal maritime de la Compagnie de Mozambique en organisant des services réguliers de bateaux à vapeur sur la voie fluviale du Zambèze, entre Tete et Chinde, et en établissant des correspondances avec tous les ports de la côte portugaise de Mozambique et particulièrement avec Beira. Ce port, à l'embouchure du Pungue, acquiert de jour en jour l'importance qui revient au débouché naturel inévitable de tout le mouvement commercial à l'entrée et à la sortie des marchandises pour les nouveaux établissements du pays de Manica et des contrées placées sous l'influence de la *British South Africa Company*.

CHAPITRE VI

LA COMPAGNIE DE MOZAMBIQUE

Les filons de quartz aurifère découverts dans les schistes de la vallée du Mutari sont tellement riches que la Compagnie de Mozambique est obligée de défendre les droits indéniablement acquis par la prise de possession et par les premiers travaux d'exploitation contre les prétentions de la British South Africa C°.

Sous prétexte d'acheter des vivres, trois agents de la puissante Compagnie anglaise vinrent, au mois de septembre 1890, rendre visite au campement des travailleurs de la Compagnie de Mozambique, dans la vallée du Mutari, près de Massikesse. M. de Llamby, l'ingénieur français qui dirigeait les travaux, accueillit hospitalièrement les trois Anglais. Mais ceux-ci, instruits par des prospecteurs anglais qui travaillaient sous la dépendance de la Compagnie de Mozambique, dans la vallée du Mutari, eurent aussitôt la pensée de placer cette merveilleuse vallée sous la « protection » de la puissance britannique.

Un mois après leur visite au campement de M. de Llamby, les Anglais revinrent en nombre pour intimider les premiers occupants des mines d'or de la vallée du Mutari et prendre leur place.

Quelle que soit la puissance européenne qui exerce la souveraineté territoriale dans cette vallée, la propriété des mines n'en restera pas moins à la Compagnie de Mozambique, qui les a reconnues, délimitées et exploitées avant la naissance de la British South Africa Company.

La Compagnie anglaise aurait été mieux inspirée en entretenant des relations amicales avec la Compagnie qui a obtenu, par une charte du roi de Portugal, la concession des territoires des districts portugais de Manica et de Sofala. Le port de Beira, à l'embouchure de l'estuaire où les fleuves du Busi et du Pungue se jettent dans l'Océan, est le seul débouché économique pour l'exportation des produits miniers des hauts plateaux aurifères occupés par les agents de la British South Africa. Le transit de toutes les marchandises importées ou exportées doit nécessairement se faire à travers les territoires de la Compagnie de Mozambique.

Pourquoi les deux Compagnies rivales ne vivraient-elle pas en harmonie à côté l'une de l'autre ?

Au lieu de venir troubler les travaux entrepris par les blancs sur la rive gauche du Sabi, dont le cours est la limite occidentale naturelle de la Compagnie de Mozambique, ne serait-il pas préférable que les agents de la South Africa déploient tous leurs efforts d'exploration dans les montagnes aurifères, au pays des Mashona et des Matebele où ils peuvent étendre leur influence sans risque de contestation avec personne ?

Rien, au contraire, ne pourrait justifier la dépossession de la Compagnie de Mozambique des droits qu'elle a acquis sur les mines d'or de la vallée du Mutari.

Pour établir, en effet, d'une manière incontestable, les droits de la Compagnie portugaise, il n'y a qu'à reproduire les divers documents qui ont été publiés au mois d'avril 1889, c'est-à-dire six mois avant la constitution de la Compagnie anglaise de l'Afrique du Sud.

Ces documents publics comprennent : 1° le décret de concession accordée par le roi de Portugal le 20 décembre 1888 ; 2° la convention passée le 2 juillet 1888 entre la Compagnie de Mozambique et un syndicat formé pour l'exploitation des gisements d'or et d'argent dans les concessions de la Compagnie ; 3° le rapport du Conseil d'administration de la Compagnie de Mozambique, présenté à l'assemblée des actionnaires le 14 mars 1889.

On remarquera la date de ces divers documents, dont la publication est bien antérieure à l'annonce officielle de la charte royale octroyée à la British South Africa Company. Cette annonce officielle, qui eut tant de retentissement dans le monde des affaires en Europe et en Afrique, ne fut faite dans le grand journal de la cité de Londres, *The Times*, que le 15 octobre 1889.

Comme démonstration irréfutable de la prise régulière de possession de la vallée du Mutari par la Compagnie de Mozambique, on lira, à la suite des documents officiels que nous venons d'indiquer, une lettre adressée le 27 décembre 1889 à M. Auguste de Carvalho, commissaire royal, par l'administrateur de la Compagnie, M. Edouard Ferreira-Pinto Basto.

Les concessions minières accordées à la Compagnie de Mozambique avaient été d'abord limitées aux bassins hydrographiques des rivières du Busi et de l'Arangua qui, dans son cours inférieur, est plus connu sous le nom de Pungue. Dès que les environs de Massikesse furent reconnus, on ne manqua pas d'observer que la vallée voisine du Mutari appartenait au bassin de l'Odzi, affluent du Sabi. Pour éviter toute contestation ultérieure de la part des autorités portugaises, — (personne ne pouvait prévoir alors l'invasion des Anglais qui eut lieu deux ans après), — des démarches furent faites immédiatement auprès du Gouvernement portugais. L'autorisation d'exploiter la vallée du Mutari, comme faisant partie de la concession de la Compagnie de Mozambique, fut régulièrement accordée par le roi de Portugal à la fin de l'année 1889, c'est-à-dire deux ans avant l'arrivée des Anglais au pays de Manica.

La concession du bassin hydrographique de l'Odzi et de ses affluents était considérée comme un fait acquis dès le 27 décembre 1889 par la Compagnie de Mozambique qui n'avait pensé à se mettre en règle que vis-à-vis de l'autorité portugaise.

Les petits rois indigènes regardaient, sans prendre ombrage, les ingénieurs et les prospecteurs de la Compagnie de Mozambique poursuivre leurs pacifiques investigations.

Le chef du kraal le plus voisin, Mutassa, qui a commis plus tard quelques sottes algarades, avait mis à la disposition du directeur de la Compagnie de Mozambique tous les travailleurs noirs dont on avait besoin.

Le chef Mutassa, qui n'est qu'un vassal du roi Gungunhana, avait reçu de son suzerain l'ordre formel de se mettre à la disposition de la Compagnie portugaise.

Non seulement le chef Mutassa reconnut la validité de la prise de possession des gisements aurifères de la vallée du Mutari, mais il fournit lui-même par centaines les noirs employés aux premiers travaux de reconnaissance des filons, et les porteurs, dont les cordons allaient et venaient de Sarmento, sur la rive du Pungue, jusqu'aux magasins établis par la Compagnie de Mozambique à Massikesse.

Les droits de propriété sur les gisements aurifères de la vallée du Mutari ne sauraient être légitimement contestés à la Compagnie de Mozambique. Les chefs indigènes ont donné leur assentiment personnel en facilitant de leur mieux la prise de possession effectuée paisiblement par M. de Llamby, ingénieur français.

En vertu de la loi portugaise qui régit la matière dans les colonies du Portugal, le droit légal de propriété est acquis aux prospecteurs, dès qu'ils ont adressé au Gouvernement une demande d'exploitation de la mine d'or découverte. Dès que cette demande a été régulièrement faite, le droit est définitivement acquis et n'admet pas les prétentions ultérieures.

Nous avons exposé les faits; voici les documents qui établissent de quelle manière irréprochable la Compagnie de Mozambique s'était mise en règle pour s'assurer la tranquille jouissance des gisements aurifères que ses agents avaient été les premiers à découvrir :

RAPPORT DU CONSEIL D'ADMINISTRATION de la Compagnie de Mozambique présenté à l'assemblée générale des actionnaires le 14 mars 1890.

Messieurs,

Il est de notre devoir de vous exposer l'historique de la première année d'existence de la Compagnie de Mozambique, fondée suivant acte du 8 mars 1888, en passant en revue les faits les plus importants qui se sont produits durant cette période.

La fondation de cette Compagnie a eu pour but, comme vous le savez, une exploitation coloniale dans l'Afrique portugaise et spécialement la reconnaissance et la mise en œuvre des gisements aurifères en tout temps décrits par nos anciens chroniqueurs, par les explorateurs modernes et notamment par M. l'ingénieur Durand dans l'étude spéciale qu'il a faite des terrains de Manica. D'un autre côté, le voisinage des terrains aurifères du Transvaal, et surtout le résultat des voyages de M. Paiva d'Andrada, l'intrépide et patriotique explorateur de l'Afrique orientale portugaise, à qui notre gratitude ne paiera jamais les services qu'il a rendus à son pays, ont décidé les fondateurs de cette Compagnie à réunir le capital nécessaire pour qu'elle puisse faire ses premiers pas.

Notre première opération a été d'acquérir de la Compagnie d'Ophir et de la Société des fondateurs de la Compagnie générale du Zambèze les droits, quels qu'ils puissent être, aux concessions faites par le gouvernement portugais par décrets des 12 février 1884 et 26 décembre 1878 en demandant simultanément au même gouvernement le renouvellement des mêmes concessions, en faveur de la nouvelle Compagnie de Mozambique.

Nous avons aussi demandé au gouvernement la concession de la pêche des perles sur les côtes du Mozambique en faisant valoir non seulement les avantages de nos conditions sur toutes les demandes analogues qui existaient au secrétariat, mais encore notre droit de priorité résultant de l'abandon par notre collègue, M. Couvreur, au profit de la Compagnie, du droit, quel qu'il fût, qui lui était acquis par sa demande du 5 octobre 1888.

Ces premiers pas faits, nous devions procéder avec rapidité et énergie dans le but d'accélérer l'exploration minière des régions dû haut Pungue ou de Manica, qui, d'après les indications obtenues, devraient être visitées en premier lieu.

Il était de première nécessité d'envoyer une expédition aux frais de la Compagnie, pour installer un centre d'opérations au point choisi de Massaquece ; mais cela ne suffisait pas pour assurer le succès de notre entreprise. Il fallait faire appel au concours de nouvelles forces pour collaborer avec nous. Il y avait pour cela deux voies à suivre : ou faciliter sur l'étendue des concessions l'immigration des mineurs comme autrefois il a été fait au Brésil et plus récemment en Australie et en Californie, ou passer des contrats de découverte et d'exploitation avec des Sociétés qui, associées aux intérêts de notre Compagnie, prissent à charge de nous aider dans la reconnaissance de ces vastes régions appelées à un prochain avenir de singulière richesse.

Nous avons opté pour le second projet, parce que le premier avait contre lui le manque de sécurité personnelle qu'offre la région.

En raison des circonstances locales dans lesquelles se trouve la région désignée spécialement pour notre sphère de travail, la venue à Lisbonne de M. Manuel Antonio de Souza dont l'influence sur les populations indigènes est connue et dont l'aide nous a été de la plus grande importance ; en même temps que les négociations engagées par le gouvernement dans le but de maintenir de bonnes relations avec le régulier Gungunhana, nous ouvraient en toute assurance l'accès de l'intérieur des terres.

Dans le but de mettre notre projet à exécution, nous avons engagé M. l'ingénieur Van de Putte, que nous avons dû remplacer par M. de Llamby, de l'Ecole centrale de Paris, nous avons acheté un vapeur pour la navigation sur le Pungue, nous avons installé à Beira une agence sur le littoral dont la gérance a été confiée à M. João de Rezende : cette agence a été approvisionnée en outillage et marchandises; enfin nous avons tout préparé pour que l'expédition minière qui doit s'installer à Massaquece, et qui aux dernières nouvelles se trouvait déjà dans les régions du Haut-Pungue, puisse accomplir ponctuellement sa mission.

Nous avons en même temps fait toutes diligences pour organiser des Sociétés devant envoyer conjointement avec la nôtre des missions de recherches et, dans ce but, nous avons passé, le 2 juillet 1888, avec M. le baron T. du Balen, un contrat sur les bases suivantes :

Droit de recherche et d'exploitation dans un certain nombre de parcelles minières (claims) à démarquer dans les concessions de la Compagnie ;

Sujétion complète aux lois et à l'autorité portugaises et au contrôle de la Compagnie de Mozambique ;

Partage avec la Compagnie des bénéfices de l'exploitation;

Paiement annuel à la Compagnie pour chaque parcelle marquée et exploitée.

Les dispositions de ce contrat ont été basées d'après les principes de la législation minière du Transvaal, législation grâce à laquelle s'est développée l'immense richesse aurifère de cette République et dont l'utilité est si incontestable que le gouvernement portugais l'a adoptée pour la province de Mozambique par décret du 6 décembre 1888, en remplacement, sauf en ce qui concerne notre Compagnie, de l'ancienne loi des mines de 1869.

Cette loi aussi bien que celle actuelle accorde l'exploration des mines tant aux étrangers qu'aux nationaux, et la Compagnie du Mozambique ne pouvait pas établir un privilège pour les nationaux qui, du reste, n'avaient pas jugé à propos d'aller explorer les régions du Mozambique, alors que la loi maintenait le droit commun. En conservant intacte l'autorité suprême du gouvernement, en mettant à la tête de ses affaires, comme elle le fait, des officiers portugais qui se sont distingués dans le service des colonies, la Compagnie estime qu'elle sauvegarde ses propres intérêts et sert en même temps ceux du pays.

D'autres contrats de location et d'exploitation ont été passés, sur le type du contrat du 2 juillet 1888, entre autres avec le docteur Auspice Simões, sujet de Barberton, qui possède en ce point une mine en exploitation; avec la Société da Beira formée par des sujets portugais de Solata; avec le vicomte de Chabannes, de Paris; avec le célèbre explorateur Erskine; avec M. Thomas Tancred; avec la maison Leite and Nephews, de Londres.

A la suite du contrat du 2 juillet 1888, il s'est déjà formé, à Londres, la « Ophir Territory concession », dont la Sabi-Ophir Mining Company est une succursale au capital de 110,000 livres sterling; la faveur avec laquelle les titres de ces compagnies ont été accueillis sur le marché monétaire est un gage pour l'avenir de notre entreprise.

Une expédition de mineurs envoyée par la Ophir Territory concession est déjà partie pour Mozambique; un groupe de diggers ou prospectors engagé par le docteur Simões, accompagne nos explorateurs dans la région du Haut-Pungue, tandis que dans le même temps la factorerie da Beira se propose d'explorer le Quitève.

Tout nous donne lieu d'espérer que l'année dans laquelle nous entrons sera décisive pour nous et aussi pour la région sud du Zambèze qui pourra devenir pour le Portugal ce qu'en d'autres temps a été le Brésil. Les opinions sont unanimes pour constater la richesse aurifère de cette partie de la province de Mozambique, et il est hors de doute que l'exploitation des mines sera le moyen le plus efficace et le plus rapide de soumettre ces contrées, en y implantant, même avec l'aide des étrangers, les effets de l'autorité nationale.

Après plusieurs mois d'attente, le gouvernement de Sa Majesté bien voulu déférer en partie aux demandes de la Compagnie du Mozambique en homologuant le décret du 20 décembre 1888, qui renouvelle les concessions antérieurement faites à la Compagnie d'Ophir, dont nous sommes les successeurs.

Le même gouvernement n'a cependant donné suite ni à notre requête par laquelle nous demandions le renouvellement de la concession de la *Société des fondateurs de la Compagnie générale du Zambèze,* ni à celle par laquelle nous demandions l'exploitation des pêcheries de perles sur les côtes du Mozambique ; nous avons jugé convenable de renouveler nos demandes en y introduisant les quelques modifications que d'un commun accord il avait été jugé opportun de faire ; nous avons aussi demandé l'autorisation nécessaire pour la construction d'un chemin de fer sur les rives du Pungue ou du Busi, construction indispensable pour l'exploitation minière dès que celle-ci aura pris le développement important qu'elle doit prendre, sans aucun doute, à bref délai.

Dans un intérêt commun, celui du pays et le nôtre, il nous a paru que la fondation d'une Société puissante était l'unique moyen d'obtenir le développement des colonies depuis longtemps dans un état d'assoupissement dangereux sans aucun doute, même au point de vue de leur propre conservation. Il nous a semblé que nous devions imiter en cela les exemples déjà donnés, et dont l'efficacité a été prouvée.

Rarement il s'est formé en Portugal, et avec des capitaux portugais, une Société comme la nôtre ; nous devons donc chercher à la développer en nous préparant pour un avenir qui s'annonce comme prochain.

Dans ce but nous avons l'honneur de vous proposer d'élever le capital de la Compagnie au double de ce qu'il est actuellement en portant le type de nos actions au capital nominal de 4.500 reis, soit liv. st. 1 ou 25 francs, selon le principe de compagnies analogues.

La nature spéciale de ces placements de fonds demande le fractionnement du capital. Nous devons en même temps vous informer que, en cas de vote de l'augmentation du capital, la souscription des nouveaux titres est déjà intégralement garantie au Conseil.

Comme vous pouvez le voir sur les comptes soumis à votre examen, la somme totale des dépenses du dernier exercice a été de 40: 740 f. 152 reis, sur lesquels 22 : 198 f. 952 doivent être considérés comme dépensés et 18 : 541 f. 200 dont la valeur est représentée tant à la factorerie da Baira que par le matériel de navigation du Pungue.

La Société dispose encore de 140 : 198 f. 343 reis, soit 14 : 198 f. 343 reis en espèces et 126 : 000 f. 000 montant des 70 p. 100 restant à verser sur les actions. Ces sommes sont égales au montant du passif qui est de 180 : 938 f. 495 reis.

Aux termes des articles 11 et 27 de nos statuts, le Conseil d'Administration et le Comité de surveillance doivent fonctionner jusqu'à l'Assemblée générale de 1891 ; nous ne voyons pas de motif pour faire des changements dans votre personnel.

Usant de la faculté concédée par l'article 13, le Conseil d'Administration a appelé à lui M. Joaquim Carlos Paiva d'Andrade et a élu, aux termes des articles 19 et 21, vice-président M. Edmond Bartissol et administrateur-délégué M. J.-P. Oliveira Martins.

*
* *

Le Conseil d'Administration propose :

1° Que, entendu le Comité de surveillance, les comptes de la gérance pour l'année 1887-1888 soient approuvés ;

2° Que soient également approuvés les actes du Conseil d'Administration et la ligne de conduite suivie par lui dans la gestion des affaires de la Société ;

3° Que le capital de la Société soit élevé à 360 contos de reis, ou 80,000 liv. sterling ou 2,000,000 de francs ;

4° Que les nouvelles actions soient de 4,500 reis ou liv. st. 1 ou 25 francs ; que les anciennes soient converties à ce nouveau type et qu'il puisse être émis des titres par multiples de 10, — 100 et 1,000 actions ;

5° Que le Conseil d'Administration soit autorisé à faire la nouvelle émission par souscription publique ou particulière, selon qu'il le jugera convenable.

DÉCRET DE CONCESSION DU 20 DÉCEMBRE 1888

Attendu la requête présentée par la Compagnie du Mozambique, Société anonyme à responsabilité limitée, fondée à Lisbonne suivant statuts publiés au *Journal officiel* du 21 mars dernier, pour demander qu'il lui soit concédé entre autres les mines de l'Etat comprises dans la zone minière déterminée par le bassin hydrographique des fleuves Buzio et Aruangua, dans la province de Mozambique, concédées jadis, par décret du 12 février 1884, à la Compagnie d'Ophir, laquelle concession est tombée en désuétude parce que cette Compagnie n'a pas rempli les obligations imposées par le décret précité ;

Considérant que l'article 12 du décret du 6 courant, ayant force de loi, maintient la disposition du paragraphe 2 de l'article 45 du décret du 4 décembre 1869 qui autorise la cession directe des concessions minières à des sociétés ou compagnies pour l'exploitation en grand de certaines zones minières.

Attendu qu'il importe beaucoup, pour des considérations d'ordre politique, financier et économique, d'appuyer une entreprise nationale constituée à un capital double de celui que le décret du 12 février 1884 impose à la Société d'Ophir, et qui en outre se présente munie des moyens nécessaires pour mener à bonne fin les travaux qu'elle propose d'exécuter ;

Considérant, en outre, qu'il est de notoriété publique et qu'il a été constaté officiellement que la Compagnie du Mozambique a déjà dépensé des sommes importantes pour installation de magasins, factoreries, achat d'un bateau à vapeur pour la navigation sur le Pungue, balisage du port de Beira, et aussi pour les appointements de son personnel technique et administratif, comme il était indispensable, ces travaux préparatoires pour le développement de l'entreprise et que les dépenses déjà effectuées excèdent, sans aucun doute, de beaucoup, la somme de 9,000,000 de reis exigée de la Compagnie d'Ophir en garantie des obligations imposées par le décret déjà cité du 4 décembre 1869 aux concessionnaires des mines dans les Colonies ;

Vu la déchéance de la concession faite à la Compagnie d'Ophir par le décret du 12 février 1884 ;

Ayant été entendus la junte consultative des colonies et le Conseil des ministres ;

Ai jugé bon de décréter ce qui suit :

Article premier. — Aux termes de l'article 15 du décret du 4 décembre 1869 ayant force de loi, et de l'article 12 du décret du 6 du présent mois, ayant force de loi, sont concédées à la Compagnie du Mozambique. société anonyme à responsabilité limitée, au capital effectif de 180,000,000 de reis, les mines de l'Etat situées dans le bassin hydrographique, des fleuves Buzio et Aruangua, dans la province de Mozambique et qui avaient fait l'objet de la concession faite par décret du 12 février 1884 à la Société d'Ophir, la même Compagnie du Mozambique, devant, conformément aux autres clauses du premier des décrets précités, procéder aux travaux miniers de son ressort et prendre successivement possession légale des mines indiquées dans un délai de six années.

Art. 2. — La Compagnie du Mozambique devra mettre en activité, sur le territoire concédé, ses travaux miniers dans un délai de douze mois.

Art. 3. — Les délais indiqués dans les articles précédents courent du jour du présent décret; ils ne peuvent être prorogés et le non-accomplissement des obligations respectives de chacun d'eux entraînera « *ipso facto* » la déchéance de la présente concession.

Le ministre et secrétaire d'État des Affaires étrangères et par intérim de la Marine et des Colonies est chargé de l'exécution du présent décret.

Au Palais-Royal, le 20 *décembre* 1888.

LE ROI.

Le Ministre de la Marine,

Henrique de Barros Gomes.

CONTRAT DU 2 JUILLET 1888

Entre la Compagnie du Mozambique, représentée par son administrateur-délégué, d'une part, et de l'autre, M. le baron E. du Balen, comme représentant d'un syndicat pour l'exploitation de gisements d'or et d'argent dans les concessions de la Compagnie — il a été convenu ce qui suit :

1° La Compagnie affermera au syndicat jusqu'à cinq cents (500) *claims* ou *quinhoes* miniers, pour qu'il les exploite, moyennant le fermage annuel de dix shillings sterling par claim.

2° La surface d'un claim, c'est un carré de cent mètres par cent mètres (100 × 100m).

3° Le choix de l'emplacement des claims pourra être fait par le syndicat dans toute l'étendue des concessions qui comprennent les régions aurifères de Manica, Quiteve, Bandiré, Inhaoxo, etc., sous réserve des démarcations qui pourraient être déjà faites à d'autres exploitants. Le syndicat ne pourra pas réclamer la démarcation de plus de cinquante claims dans chaque région aurifère ; et dans celle de Manica, la démarcation des claims sera subordonnée à celle que la Compagnie fera pour l'exploitation qu'elle-même pense y établir.

4° Le fermage des claims est illimité quant à la durée, pourvu que le syndicat, un an révolu après la démarcation, y installe et y maintienne une exploitation régulière. Pour les claims démarqués et non exploités, le fermage peut être résilié par la Compagnie au cas même où le syndicat voulût payer la rente de l'article 1er.

5° Pendant dix ans à compter de la date de ce contrat, le syndicat pourra transférer à une autre région tout claim qui serait reconnu improductif ou inexploitable; mais ce droit n'existera qu'une seule fois pour un même claim.

6° Le syndicat usera des routes créées par la Compagnie sans être assujetti au payement d'aucun droit de péage. De même, la Compagnie lui facilitera, par les moyens dont elle disposera, le transport de la côte jusqu'à l'intérieur de la province pour les personnes chargées de l'exploitation et leurs bagages; le payement des frais correspondants étant à la charge du syndicat. La Compagnie prêtera aussi au syndicat toute l'aide nécessaire pour le recrutement des hommes, guides, etc., exigés par l'exploitation ; et fera la démarcation des claims par un ingénieur-géomètre compétent.

7° En ce qui concerne l'usage des eaux des fleuves, rivières, ruisseaux, comme force motrice, la coupe de bois, soit comme combustible, soit comme matériel de construction, les droits de douane sur les matériaux et appareils d'exploitation, les impôts en général et en particulier l'impôt des mines, la Compagnie subroge le syndicat dans tous les droits, privilèges et obligations que les lois portugaises statuent pour les entreprises minières et tous les avantages dont elle-même pourrait jouir de ce fait.

8° Le syndicat pourra former une ou plusieurs Sociétés ou Compagnies et leur transférer en tout ou en partie les droits et obligations qui lui sont garantis par ce contrat.

9° La Compagnie prélèvera du syndicat, ou des Compagnies par lui formées, une prime annuelle de 10 pour 100 des produits nets de l'exploitation, avant déduction pour fonds de réserve, indemnités de fondateurs ou autres frais qui ne soient pas compris dans ceux de l'exploitation proprement dite. Dans le cas où des sociétés par actions seraient formées, la Compagnie aurait le droit de réclamer le nombre d'actions correspondant à sa part dans les bénéfices nets de l'exploitation, soit un minimum de 10 pour 100 du capital de la Compagnie, en faisant l'abandon du droit à la prime sur les bénéfices précités.

10° Dans un délai de quatre mois de la date de ce contrat, le syndicat devra envoyer, sous peine de résiliation, un ingénieur compétent, chargé d'examiner et rapporter sur la richesse des régions aurifères que le syndicat se propose d'exploiter, les frais de l'expédition étant à la charge du syndicat.

11° Dans un délai de dix-huit mois de la date de ce contrat, sous peine de résiliation, le syndicat devra commencer l'exploitation régulière des régions aurifères en tout ou en partie,

12° Deux copies ont été faites de ce contrat, dont une est remise à M. le baron E. du Balen et l'autre reste aux archives de la Compagnie.

Lisbonne, le 2 Juillet 1889.

BARON E. DU BALEN.

Pour la Compagnie de Mozambique,

L'Administrateur-délégué,
OLIVEIRA MARTINS.

CONCESSIONS MINIÈRES DE LA VALLÉE DU MUTARI

Lettre adressée le 27 Décembre 1889 à M. Auguste de Carvalho Commissaire royal, par l'administrateur de la Compagnie de Mozambique, M. Ed. Ferreira Pinto Basto.

A Monsieur Tito Augusto, *Commissaire Royal près la Compagnie de Mozambique.*

Monsieur,

Le décret du 20 décembre 1888, qui concède à notre Compagnie les mines de l'Etat situées dans les bassins hydrographiques des rivières du Busi et de l'Arangua, ne détermine pas, aussi clairement qu'il le semble à première vue, les limites exactes de la concession, parce que les sources de ces deux rivières et celles de leurs affluents se confondent en quelque sorte avec les ruisseaux qui forment l'Odzi et d'autres affluents du Sabi.

Les renseignements que nous avons reçus sur les nombreuses petites rivières des environs de Manica nous indiquent que les ruisseaux tributaires du Revue et de l'Arangua se rapprochent des hauts affluents du Sabi, de telle sorte qu'il n'est pas facile de distinguer dans la pratique le bassin hydrographique de ce fleuve, des bassins hydrographiques des deux rivières auxquelles le décret du 20 décembre se rapporte.

De graves contestations pourraient résulter de cette confusion géographique entre les agents de la Compagnie et les prospecteurs étrangers, puisque ceux-ci savent que les territoires de notre Compagnie n'ont pas encore été délimités de manière à dissiper tous les doutes.

Il peut arriver que ces prospecteurs se dérobent au devoir de faire les déclarations prescrites par le décret du 6 décembre 1888, en prétendant ne pas se trouver dans les territoires de la Compagnie et en déniant à celle-ci les droits qu'elle détient, sous prétexte qu'ils opèrent dans le bassin du Sabi et non dans ceux du Busi et de l'Arangua. Vous savez combien il serait fâcheux non seulement pour la Compagnie, mais aussi pour toute la province de Mozambique, que des conflits fussent soulevés dans des lieux aussi éloignés de l'action et de l'influence du gouvernement.

En conséquence, pour éviter une cause quelconque de trouble au bon ordre et à la tranquillité qu'il convient de maintenir dans ces contrées, la Compagnie de Mozambique demande que, sur une dépêche de votre part, Monsieur le Ministre, dans la forme qui lui paraîtra la meilleure, veuille bien fixer avec précision les limites de la concession accordée. La Compagnie insiste pour que la limite, du côté de l'ouest, soit portée à la frontière occidentale du district de Manica.

La bande de terrains qui se trouve comprise entre cette frontière et la limite indiquée dans la concession, n'a pas assez d'importance pour faire l'objet d'une concession spéciale, mais elle en a suffisamment pour devenir la cause de conflits très graves.

Je vous prie, en conséquence, de vouloir bien transmettre à M. le Ministre l'exposé des faits, en appuyant notre demande de votre avis favorable.

Agréez, etc.

Lisbonne, le 27 Décembre 1889.

Pour le président du Conseil d'administration,

L'Administrateur,

EDUARDO FERREIRA PINTO BASTO.

CHAPITRE VII

DÉCRETS, STATUTS & RÈGLEMENTS

DE LA

COMPAGNIE DE MOZAMBIQUE

Charte royale octroyée par le Décret du 11 Février 1891, modifiée par le décret du 30 Juillet de la même année.

Prenant en considération le rapport du Ministre et Secrétaire d'Etat de la Marine et des Colonies;

Ayant entendu le Conseil des ministres et la Junte consultative des colonies;

Usant de la faculté que me confère l'article 15e du 1er acte additionnel à la charte constitutionnelle de la monarchie,

J'ai, pour le bien, décrété ce qui suit:

ARTICLE PREMIER.

Le gouvernement concède à la Compagnie de Mozambique, constituée par acte du 8 mars 1888, l'administration et l'exploitation, dans les conditions prescrites par le présent décret, des territoires de la province de Mozambique limités au nord et au nord-ouest par le cours du Zambèze, depuis son embouchure la plus méridionale et par la frontière actuelle du district de Tete ; à l'ouest par la frontière intérieure de la province, et au sud par le cours du rio Save jusqu'à son embouchure la plus méridionale, à l'est par l'Océan.

§ Unique. — Cette concession ne deviendra effective que quand la Compagnie aura augmenté son capital et modifié ses statuts en harmonie avec les dispositions du présent décret.

Art. 2.

Dans les territoires délimités par l'article précédent, le gouvernement aura le droit de faire, seul et directement, ou par l'intervention de la Compagnie, des traités, conventions ou contrats, avec les chefs et les tribus indigènes, quand ces traités ou conventions auront pour but principal d'établir des relations ayant un caractère politique. — La Compagnie pourra faire, seule, avec ces chefs ou tribus, des contrats, conventions ou traités relatifs à des concessions territoriales, minières, agricoles, ou à des constructions de chemins de fer, routes, canaux, télégraphes et autres travaux d'utilité publique.

§ 1. — Les contrats, traités et conventions faits par la Compagnie avec les chefs de tribus indigènes n'auront d'effet qu'après avoir reçu la sanction du gouvernement, qui pourra y introduire toutes les conditions et restrictions qu'il jugera convenables.

§ 2. — La Compagnie aura l'obligation d'accomplir toutes et chacune des stipulations de ces traités, contrats et conventions et également de respecter les contrats, traités et conventions que le gouvernement aura faits avant la date de ce décret.

Art. 3.

S'il survient, à toute époque, quelque conflit ou litige entre la Compagnie et les chefs ou tribus résidant sur les territoires de la concession, il sera soumis à la décision du gouvernement, et la Compagnie devra se soumettre à cette décision.

Art. 4.

La Compagnie sera tenue à la fidèle observation de toutes les clauses et conditions des traités, conventions ou accords que le gouvernement a conclus ou viendra à conclure avec tout État ou puissance étrangère.

Art. 5.

Si, à une époque quelconque, le gouvernement désapprouve les relations de la Compagnie avec quelque Etat ou puissance étrangère, la Compagnie devra s'abstenir de pratiquer les actes désapprouvés et se conformer aux indications qui lui seront données par le gouvernement.

Art. 6.

Pour l'exercice des facultés et attributions qui lui sont conférées par ce décret, la Compagnie organisera et entretiendra dès forces de police de mer et de terre, en soumettant à l'approbation préalable du gouvernement le plan de leur organisation et les règlements des services qu'ils devront rendre. Le service de surveillance de la douane, sur tout le territoire de la concession et le long de ses frontières, sera confié à ces forces de police. Ce service constitue une obligation pour la Compagnie.

Art. 7.

Le gouvernement, après entente avec la Compagnie, décrétera l'organisation judiciaire des territoires de la concession.

Les magistrats et officiers de justice seront nommés par ordonnances royales et payés par l'Etat.

Art. 8.

La Compagnie devra pourvoir à l'instruction des habitants des territoires qu'elle administre, en établissant à ses frais des missions, des écoles d'instruction primaire et d'arts et métiers, suivant un plan arrêté entre elle et le gouvernement.

Art. 9.

La Compagnie proposera à la sanction du gouvernement le règlement pour le commerce des alcools et autres boissons enivrantes, comme aussi celui des armes de guerre et de la poudre, ces règlements devant être en harmonie avec les traités et les conventions déjà existants ou à venir.

Art. 10.

La Compagnie sera tenue, pendant les cinq premières années à compter de la date de sa constitution, d'installer sur ses territoires, dans des localités choisies d'accord avec le gouvernement, au moins mille familles de colons Portugais ou descendants de Portugais, que le gouvernement transportera à cette fin jusqu'à l'un quelconque des ports compris dans la concession.

La Compagnie, pour l'installation de ces colons, fournira à chaque famille une case d'habitation, des terrains de culture et des instruments agraires, dont la valeur totale sera remboursée à la Compagnie par les colons au moyen d'annuités à long terme, qui toutefois ne dépassera jamais le terme de la concession.

Un règlement spécial, proposé par la Compagnie et approuvé par le gouvernement, définira les autres conditions de cette colonisation.

Art. 11.

Toutes fois que le gouvernement désapprouvera les systèmes ou procédés d'administration adoptés par la Compagnie à l'égard des habitants de ses territoires, la susdite Compagnie devra tenir compte de cette désapprobation et se conformera aux instructions données par le gouvernement.

§ Unique. — Le gouvernement se réserve le droit d'intervenir, quand il le jugera indispensable pour la sûreté du domaine portugais ou le maintien de l'ordre, dans les conflits de caractère politique qui pourraient se soulever entre les chefs et tribus indigènes sur les territoires de la concession.

Art. 12.

Tous les navires de l'Etat auront toujours libre accès dans les ports administrés par la Compagnie et seront exempts de toutes taxes ou contributions, sauf celles provenant de dépenses occasionnées par ces navires pour travaux exécutés à leur bord, pour services rendus ou pour fournitures de matériaux et objets divers.

ART. 13.

Le droit concédé à la Compagnie d'entretenir des forces de police de mer et de terre ne pourra, en aucun cas, entraver l'action du gouvernement en ce qui touchera à la défense des territoires appartenant à la Nation.

ART. 14.

Le gouvernement conserve intégralement le droit de garnir de forces militaires tous les points de la frontière des territoires concédés qu'il jugera utile d'occuper, sans que la Compagnie puisse s'opposer au stationnement ou au passage des troupes de l'Etat.

En cas de guerre, extérieure ou intérieure, dans la circonscription délimitée par l'article premier de ce décret ou dans les frontières de cette circonscription, la Compagnie mettra à la disposition du gouvernement les vivres, munitions, armements et matériel militaire qu'elle possédera, comme aussi tous les moyens de transports terrestres, fluviaux ou maritimes qu'elle possédera, sans que le gouvernement soit obligé de payer à la Compagnie plus que la valeur des fournitures dépensées ou inutilisées à son service ou le coût des transports.

Dans cette même hypothèse, les forces de police de la Compagnie et celles qu'elle pourra recruter seront mises à la disposition du gouvernement, qui aura à payer à la Compagnie seulement l'excédent de la dépense que lui auront occasionnée le recrutement et l'entretien de ces troupes.

Toutes les troupes, officiers, ou commissions militaires et le matériel de guerre de l'Etat seront, en temps de paix, transportés sur les chemins de fer ou embarcations de la Compagnie avec un rabais de 75 0/0 sur les tarifs ordinaires.

La Compagnie concédera gratuitement au gouvernement les terrains dont il pourra avoir besoin pour fortifications, postes militaires, casernes, résidences du personnel judiciaire ou ecclésiastique, et autres fonctionnaires, comme aussi pour tout établissement d'utilité publique.

ART. 15.

La Compagnie sera considérée Portugaise en tous ses effets et aura son siège social principal à Lisbonne.

Le personnel administratif sera toujours en majorité composé de sujets Portugais domiciliés en Portugal. Pourront être admis dans cette majorité les administrateurs actuels qui sont citoyens étrangers et qui ont plus de vingt-cinq ans de résidence en Portugal.

L'agent principal de la Compagnie à Lisbonne et son principal représentant en Afrique seront également de nationalité portugaise et devront résider, le premier, sur le continent du royaume, et le second, sur les territoires de la concession.

§ Unique. — Le gouvernement se réserve le droit de nommer pour dix ans, trois administrateurs choisis entre les administrateurs actuels.

Art. 16.

La Compagnie pourra créer dans les pays étrangers des agences dirigées par des représentants résidant hors du Portugal, quand l'importance des capitaux souscrits dans ces pays justifiera l'installation de ces agences.

Art. 17.

Le gouvernement nommera un commissaire royal auprès de la Compagnie, qui assistera à toutes les séances des conseils d'administration et de contrôle, où il aura voix consultative et prendra part à tous les actes administratifs, ou il en prendra connaissance immédiate.

§ Unique. — Le gouvernement se réserve le droit de nommer un personnel d'administration civile et financière sur le territoire de la Compagnie, les dépenses respectives étant à la charge de la Compagnie.

Le gouvernement recevra annuellement de la Compagnie le montant de ces dépenses.

Ce personnel sera composé, dans chaque circonscription qui sera organisée d'accord avec la Compagnie, d'un intendant, d'un sous-délégué des finances et d'un employé. Leurs fonctions, spécialement de surveillance, seront déterminées par le gouvernement en harmonie avec les règlements de la Compagnie. Le nombre des circonscriptions ne sera pas supérieur à trois; et les appointements de l'intendant ne seront pas supérieurs à ceux que perçoivent actuellement les intendants de Boudire, Inhaoxa et Manica.

Art. 18.

Les agents de la Compagnie exerçant des fonctions administratives ou de surveillance, aussi bien que les officiers brevetés des forces de police de mer et de terre, seront, en général, de nationalité portugaise, et quand exceptionnellement ils seront étrangers, ils demeureront, pour tous les actes pratiqués dans l'exercice de leurs fonctions, soumis aux lois, autorités et tribunaux portugais, s'obligeant à renoncer à leurs prérogatives afin de rendre cette soumission effective.

Art. 19.

La Compagnie s'engage à construire et à exploiter pendant le délai de la concession, sans aucune subvention ni garantie de l'Etat, un chemin de fer avec rails d'acier d'un poids minimum de 20 kilogrammes par mètre courant, pour relier la baie du Pungue avec la frontière intérieure du district de Manica, en passant par Massikesse.

Cette construction devra être terminée dans un délai improrogeable de quatre années compté de la date à laquelle le gouvernement ordonnera de la commencer, de même qu'elle ne pourra pas être commencée sans l'ordre du gouvernement.

§ 1. Les tarifs kilométriques généraux ou spéciaux à établir sur cette ligne seront égaux pour tous et ne pourront jamais être supérieurs aux tarifs en vigueur sur les lignes de la colonie du Cap, sans l'autorisation du gouvernement.

§ 2. La Compagnie ne pourra, sans l'autorisation du gouvernement, concéder à des tiers la construction et l'exploitation de ce chemin de fer.

Art. 20.

La Compagnie s'engage aussi à construire, outre les lignes télégraphiques du chemin de fer, une autre ligne qui reliera la baie du Pungue avec la rive gauche du Zambèze.

La Compagnie demeure obligée à construire également la route et les autres travaux desquels il est fait mention à l'article 14 du traité du 28 mai dernier.

Art. 21.

Le Gouvernement concède à la Compagnie :

1° Le droit exclusif de construire et d'exploiter dans l'étendue des territoires désignés à l'article premier des routes, chemins de fer, canaux, ports maritimes ou intérieurs, quais, docks, ponts, télégraphes, canalisation et distribution d'eau et autres travaux d'utilité publique.

2° Le droit de la navigation des fleuves, conformément à l'article 12 du traité du 28 mai dernier.

La Compagnie devra autoriser et faciliter le transit des particuliers et des marchandises de toute espèce, sur le Pungue, le Busi, le Save et leurs affluents, ainsi que sur les routes terrestres servant de communication aux endroits où les fleuves ne sont pas navigables.

3° Le droit exclusif d'exercer et d'autoriser l'industrie minière sur toute l'étendue de la concession.

4° Le droit exclusif de la pêche des perles, du corail et des éponges sur la côte de ses territoires.

5° Le droit exclusif de la chasse des éléphants, directement ou par concession de licences.

6° Le droit d'émettre des actions, d'augmenter son capital actions, de se créer des ressources au moyen d'obligations diverses, et de fonder des Sociétés pour opérations de banque sur les territoires de la concession. Le capital-actions sera toujours garanti par des travaux, des constructions, ou la propriété des terrains.

Les Sociétés de banque ne pourront pas émettre des cédules ni des billets à vue tant qu'existera le privilège accordé à la Banque nationale d'outre-mer par l'art. 3 de la loi du 27 janvier 1866. Après l'expiration de ce privilège, elles pourront émettre des cédules et des billets à vue avec l'autorisation préalable du Gouvernement.

7° La possession absolue, pendant la durée de la concession, de tous les terrains appartenant à l'État compris sur l'étendue de la concession, à l'exception des domaines de la couronne, comme aussi le droit d'acquérir et de posséder ceux qu'elle pourra acquérir et posséder par toutes voies légales au dedans ou en dehors de la concession.

8° Le droit d'acquérir et de posséder, dans la forme légale, tant à Mozambique que dans les colonies, les terrains nécessaires à l'installation des bureaux, magasins, entrepôts ou autres dépendances.

9° Le droit d'administrer et de mettre en exploitation, dans les termes de la législation en vigueur qui ne seraient pas contraires aux clauses du présent décret, les « domaines de la couronne » situés sur le territoire de la concession et d'y percevoir des habitants le *mussoco*, mais en respectant les droits des fermiers actuels.

10° Le droit d'établir des taxes d'entrée, de sortie ou de transit sur les marchandises dans tous les territoires de la concession. Ces taxes ne pourront pas être, sans le consentement du Gouvernement, supérieures ou inférieures aux droits de douane actuellement établis dans les districts de Inhambane et Quilimane, et seront gradués de manière à assurer aux produits nationaux ou nationalisés les mêmes avantages que ceux dont ils jouissent dans ces districts quand des conventions internationales ne s'y opposent pas.

§ 1. — Le transit des marchandises par les territoires de la concession sera soumis à des règlements élaborés par le Gouvernement après entente avec la Compagnie, dans le but d'empêcher la contrebande au préjudice de l'État.

§ 2. — Les produits indigènes et exportés des territoires de la Compagnie seront taxés, à leur entrée en Portugal ou dans les Colonies, en parfaite égalité avec ceux provenant des Colonies portugaises les plus favorisées par la législation douanière.

§ 3. — En cas d'exportation des territoires de la concession, pour la Métropole ou les Colonies, de marchandises que ces Colonies ou la Métropole ne produisent pas, les droits d'importation de ces marchandises, perçus par les douanes du Royaume ou des Colonies, ne seront pas supérieurs à ceux qu'auraient payés à ces mêmes douanes des mêmes marchandises de n'importe quelle provenance avec un rabais de 50 p. 100.

§ 4. — Les dispositions des paragraphes précédents demeureront, en ce qui concerne les douanes du Royaume, soumises à l'approbation du pouvoir législatif quand la Compagnie voudra profiter des avantages qui lui sont concédés par ces paragraphes.

11° La faculté de coloniser tous les terrains de la concession et d'y installer des centres de population, comme aussi de les défricher, planter, cultiver, irriguer et en général améliorer et exploiter.

12° La faculté d'exercer tous les genres de commerce et d'industries autorisés par les lois.

13° Le droit de prélever des contributions pécuniaires ou d'imposer des corvées pour des travaux d'utilité publique.

Ces charges seront toutefois soumises à l'approbation du Gouvernement.

14° En général, la faculté d'exercer tous les actes licites nécesaires à l'exercice des droits et prérogatives que ce décret confère à la Compagnie.

ART. 22.

La Compagnie s'oblige à arborer et à faire usage, dans tous les territoires de la concession et sur ses édifices et embarcations, du drapeau national portugais, auquel elle pourra ajouter un signe distinctif.

ART. 23.

La Compagnie pourra céder temporairement les parties des terrains libres que lui concède le paragraphe 7 de l'article 21. Si la propriété de ces terrains est accordée à titre perpétuel, le payement doit avoir lieu par annuités en fractions non inférieures à 10 reis par hectare que la Compagnie percevra tant que durera la concession. Après la fin de ladite concession, ces payements seront perçus par l'État.

La cession à une seule personne ou à une même Société de droits de propriété de plus de 5,000 hectares de terrains contigus ne pourra pas être consentie sans l'autorisation du Gouvernement.

La Compagnie respectera toutes les propriétés particulières existant dans l'étendue de la concession, comme aussi celles des Chambres municipales et autres corporations administratives déjà existantes, et laissera aux indigènes les terrains suffisants pour la culture de ce qui est nécessaire pour leur alimentation.

Les terrains incultes compris dans une zone de 5 kilomètres de largeur tracée autour des villages existants seront partagés en parties égales entre l'État et la Compagnie.

Paragraphe unique. — Les terrains et constructions demeureront la propriété de l'État, qui pourra les transmettre ou les louer à la Compagnie par contrat spécial.

ART. 24.

L'exercice des droits exclusifs de la pêche des perles et du corail et de la chasse des éléphants, comme aussi l'exploitation des bois et forêts, seront soumis à des règlements spéciaux approuvés par le Gouvernement et destinés à éviter la destruction de ces sources de revenu.

ART. 25.

La Compagnie pourra, par tous les moyens légaux, louer ou vendre en partie, à tous particuliers, Syndicats, Sociétés ou Compagnies, les concessions de nature agricole, minière, commerciale ou industrielle qui lui sont concédées par l'article 21.

Ces particuliers, Syndicats, Sociétés ou Compagnies seront soumis aux taxes et contributions mentionnées aux §§ 10 et 14 du même article.

§ 1. — Quand la Compagnie voudra transmettre entièrement un des droits que lui confère l'article 21 à tous particuliers, Sociétés ou Compagnies, cette transmission devra être soumise à l'approbation du Gouvernement.

§ 2. — Ces transmissions seront considérées comme approuvées si, dans un délai de 20 jours à partir de leur présentation au ministère de la Marine et des Colonies, il n'a été pris aucune résolution.

ART. 26.

Tous les Syndicats, Sociétés, Compagnies ou particuliers, quelle que soit la forme de ces associations, qui exploiteront les concessions de la Compagnie du Mozambique, seront obligés explicitement de se soumettre aux lois et aux autorités du Portugal, et de soumettre à la décision des tribunaux portugais les désaccords et litiges qui surviendraient entre eux et le gouvernement, la Compagnie concessionnaire ou d'autres sous-concessionnaires.

ART. 27.

Il est expressément interdit à la Compagnie de céder et transférer perpétuellement ou temporairement en tout ou partie, à un gouvernement ou à une puissance étrangère, aucun des droits que lui confère le présent décret. Il lui est également interdit de transférer en totalité ou en partie, à une autre Compagnie, aucun des droits politique, administratif ou fiscal.

ART. 28.

Pour toutes les concessions, sous-concessions ou contrats faits par la Compagnie avec des tiers, elle demeurera toujours responsable envers le Gouvernement de l'exact accomplissement des clauses de ce décret et des obligations qui en résultent.

ART. 29.

Le Gouvernement pourra, après 25 années comptées de la date du contrat définitif passé avec la Compagnie et, après l'expiration de ce délai, après chaque période de 10 années, ajouter, modifier ou annuler le présent contrat, ou décréter de nouvelles clauses, substitutions ou ampliations des premières, avec cette restriction cependant que cette faculté réservée au Gouvernement ne pourra s'exercer que sur les clauses du contrat relatives à la concession des droits exclusifs à la possession des domaines ou aux attributions de l'Etat ou des délégués du Gouvernement.

§ 1. — A ces mêmes époques, le Gouvernement pourra acquérir, moyennant indemnisation, les édifices de la Compagnie destinés exclusivement ou principalement aux services publics qui passeraient de l'administration de la Compagnie à celle de l'État, comme aussi les propriétés, constructions ou travaux d'utilité publique susceptibles de revenus, tels que chemins de fer, canaux, ports intérieurs, quais, docks, télégraphes, canalisation d'eau, bâtiments et autres analogues.

L'indemnité à payer pour les édifices destinés aux services publics sera le capital qui, placé à 5 pour 100 d'intérêt par an, produirait une somme égale à la moyenne du rendement desdites propriétés et constructions pendant les trois années précédentes. Ce capital pourra être payé en une seule fois ou par annuités, avec intérêt de 5 pour 100, au choix du Gouvernement.

Quand, cependant, cette base de calcul du rachat paraîtra désavantageuse au Gouvernement et à la Compagnie, à cause de la détérioration des constructions, ou parce qu'elles ne seront pas parvenues à leur période de plus grand rendement, ou pour tout autre motif, l'indemnité à payer pourra être fixée à l'amiable ou par arbitres, ainsi qu'il a été dit relativement aux édifices destinés aux services publics.

Il reste entendu que dans les recettes des propriétés et constructions ne sont pas comprises pour le calcul de l'indemnisation ni les sommes appartenant à l'État aux termes de l'article 30, ni la part destinée au fonds de réserve qui doit lui revenir, ni les sommes qui représentent le bénéfice de l'exemption de contributions.

§ 2. — Quand l'indemnité devra être fixée par arbitres, s'il y a désaccord entre eux, le différend sera tranché par un tiers arbitre qui sera nommé par le suprême tribunal de justice si on ne peut se mettre d'accord sur son choix.

§ 3. — Si le gouvernement se résout à acquérir toutes les constructions et propriétés de la Compagnie susceptibles de rendement, il sera obligé d'acquérir également les édifices destinés aux services publics.

§ 4. — La concession des mines faite à la Compagnie durera indéfiniment, aux termes de droit commun, pour celles en exploitation et tant que durera l'exploitation.

Art. 30.

Le Gouvernement s'abstiendra, pendant 25 ans, de percevoir des contributions directes ou indirectes sur les territoires de la concession; il recevra, toutefois, annuellement une quote-part de 7 1/2 pour 100 des bénéfices nets totaux de la Compagnie, le produit de cette quote-part ne pouvant pas être inférieur au total des recettes de toute nature nettes des dépenses de recouvrements que l'Etat a recouvrées sur lesdits territoires pendant l'année financière 1889-1890.

§ Unique. — La quote-part stipulée à cet article sera élevée à 10 pour 100 lorsque le dividende des actions de la Compagnie, calculé sur le capital effectivement souscrit, atteindra 10 pour 100 ou plus.

Art. 31.

Le capital social de la Compagnie sera de 4,500 contos de reis, divisé en actions de 4,500 reis.

Art. 32.

La Compagnie aura le caractère d'une Société anonyme à responsabilité limitée, conformément aux dispositions de ses statuts qui seront soumis à l'approbation du Gouvernement, le Procureur royal ayant été entendu.

Elle aura un fonds de réserve formé au moyen d'un prélèvement annuel de 5 pour 100 du montant du bénéfice net, jusqu'à concurrence du quart du capital social. Elle présentera chaque année au Gouvernement, après la clôture de l'exercice financier, un rapport dans lequel, outre les comptes des dépenses de l'Administration et des Revenus publics, en dehors des bénéfices commerciaux faits pendant l'exercice précédent, elle exposera ses actes administratifs et la situation des territoires compris dans la sphère de ses opérations.

La Compagnie présentera également au Gouvernement tous les rapports et informations qu'il lui demandera.

Art. 33.

La Compagnie soumettra à l'approbation du Gouvernement tous les règlements d'intérêt public qui, en plus de ceux spécialement désignés dans ce décret, seront nécessaires pour l'exercice régulier de ses attributions.

Tous les règlements pour lesquels il n'aura pas été pris de résolution après un délai de quatre mois, compté du jour de leur présentation au Secrétariat d'État des Colonies, seront considérés comme approuvés.

Art. 34.

L'exercice de tout commerce, industrie ou profession dont le monopole ne sera pas réservé à la Compagnie, sera libre sur le territoire de la concession.

§ Unique. — La Compagnie aura la faculté de percevoir des taxes pour les autorisations accordées de fonder des établissements pour la vente des marchandises, dans les termes du § 9 de l'article 21, lorsque ces établissements ne seront pas fondés sur les territoires municipaux.

Art. 35.

L'organisation municipale sera maintenue telle qu'elle existe dans les districts des territoires de la concession, et elle devra également être organisée dans tous les villages de plus de 500 feux où il y en aura au moins 100 composés de familles portugaises, européennes ou indiennes.

10

ART. 36.

La Compagnie sera obligée de respecter, sur les territoires de sa concession et dans ses rapports avec les habitants de ses territoires, toutes les croyances et cultes religieux, ainsi que tous les usages et coutumes des indigènes qui ne seront pas en contradiction avec les lois de l'humanité et de la civilisation.

ART. 37.

Les dispositions de ce décret et les concessions par lui faites ne devront porter préjudice à aucun des droits acquis ou à toutes autres concessions déjà accordées avant sa date par le Gouvernement portugais et qui ne seront pas encore périmées.

ART. 38.

Si la Compagnie cesse de remplir les stipulations du présent décret ou si elle n'exerce pas les attributions d'intérêt public qui lui sont conférées, ou si elle ne respecte et n'accomplit pas les traités, conventions ou accords passés avec les puissances étrangères ou les chefs des tribus indigènes, ou encore si elle abandonne l'exploitation minière, agricole, commerciale et industrielle des territoires de sa concession, le Gouvernement pourra résilier le présent contrat et ceux qu'elle pourra faire, après lui avoir intimé cette résolution, sans que la Compagnie ait droit à aucune indemnité.

ART. 39.

Tous les désaccords qui surviendraient entre le Gouvernement et la Compagnie, relativement à l'interprétation, l'exécution ou la résiliation du contrat, seront soumis à un tribunal arbitral formé de deux arbitres nommés par le Gouvernement, deux par la Compagnie et d'un cinquième nommé par accord entre eux ou, à défaut de cet accord, par le suprême tribunal de justice. Le tribunal arbitral jugera *ex æquo* et *bono* et ses décisions seront sans appel.

Art. 40.

Dans le délai de 60 jours, comptés de la date de la publication de ce décret, la Compagnie devra avoir accompli les conditions du paragraphe unique de l'article premier, en augmentant son capital et en modifiant ses statuts, suivant les voies légales. Faute de l'accomplissement de ces conditions dans le délai fixé, qui est improrogeable, toutes les dispositions de ce décret seront sans effet.

Art. 41.

Le Gouvernement élaborera les règlements nécessaires pour l'exécution du présent décret.

Art. 42.

Toute législation contraire aux présentes est annulée.

Le Ministre et Secrétaire d'Etat est chargé de l'exécution du présent décret.

Palais, le 11 février 1891.

(*Signé*) le **ROI**.

Antonio José Ennes. **Francisco J. da Costa e Silva.**

STATUTS

DE LA

COMPAGNIE DU MOZAMBIQUE

MODIFIÉS

En vue de l'exécution des clauses des décrets ayant force de loi en date des 4 février et 20 juillet 1891.

TITRE PREMIER

Dénomination. But. Siège et durée de la Compagnie.

ARTICLE PREMIER.

Le titre de **Compagnie du Mozambique**, Société anonyme à responsabilité limitée, est maintenu, et les présents statuts, modifiés en vue de l'exécution des clauses des décrets des 11 février et 30 juillet 1891, ayant force de loi, seront seuls appliqués.

La liquidation de l'ancienne Compagnie se fera immédiatement par convention spéciale, entre les anciens et les nouveaux actionnaires, et le Conseil d'administration est déjà autorisé, avec pleins pouvoirs, à procéder à cette liquidation.

ART. 2.

Le but de la Société est l'accomplissement intégral des obligations énumérées dans lesdits décrets ayant force de loi, et qui consistent principalement dans l'augmentation par les voies légales, et l'amélioration des territoires de sa concession afin d'en développer la richesse et d'affirmer la souveraineté du Portugal; l'exécution de travaux d'utilité publique, tels que : chemins de fer, routes, canaux, ponts, ports, quais, docks, télégraphes, édifices publics, maisons urbaines ou pour colons; les exploitations minières, agricoles, industrielles et commerciales; l'organisation de services de navigation maritime ou fluviale, et les transports de toute nature par eau ou par terre; la création d'entreprises partielles dans lesquelles elle aura la faculté de prendre toute participation, comme de s'associer, suivant le mode qui lui conviendra, avec tous individus, associations commerciales ou entreprises déjà existantes, en se conformant aux clauses des décrets des 11 février et 30 juillet 1891.

Art. 3.

Le siège de la Compagnie est à Lisbonne.

Art. 4.

La durée de la Compagnie est illimitée en ce qui concerne les dispositions du quatrième paragraphe de l'article 29 du décret du 11 février 1891, étant entendu que le délai de concession pour l'exploitation du chemin de fer auquel se réfère l'article 19 dudit décret est seulement de 99 ans, après l'expiration desquels la ligne du chemin de fer deviendra la propriété de l'Etat, ainsi que tout le matériel fixe et roulant, et que pour toutes les autres concessions, les délais seront réglementés suivant les dispositions de l'article 29 dudit décret.

TITRE II

Capital social. Actions et obligations.

Art. 5.

Le capital de la Compagnie est élevé à 4,500 contos de reis (25,000,000 francs) (1,000,000 liv. st.) divisé en 1,000,000 d'actions de 4,500 reis (soit 25 fr.) ou (1 liv. st.).

Les émissions seront faites par séries, la première étant déjà fixée à 400,000 actions, et les suivantes ne pouvant pas être inférieures à 100,000 actions jusqu'à complet versement du capital social.

Art. 6.

Le capital social pourra être augmenté en une ou plusieurs fois, par décision de l'Assemblée générale des actionnaires, sur la proposition du Conseil d'administration.

Art. 7.

La souscription ou la possession d'une ou plusieurs actions emporte pleine adhésion aux statuts, aux règlements de la Compagnie et aux décisions de l'Assemblée générale. Les actionnaires ne sont responsables que seulement pour l'importance de leurs actions. Aucune autre somme ne pourra être exigée d'eux en plus du montant de ces actions.

Le payement des actions de la première série sera fait ainsi qu'il suit :

10 pour 100 à la souscription ;
10 pour 100 un mois après ;
10 pour 100 trois mois après,

et les 70 pour cent restant, comme il sera déterminé par le Conseil d'administration et dans un délai de 12 mois à partir de la constitution de la Compagnie.

Aucun autre appel de fonds ne pourra être fait sur les actions anciennes de la Compagnie avant que les actions de la nouvelle émission soient devenues égales aux anciennes. Ensuite les versements seront faits aux mêmes époques que pour les actions nouvelles.

Art. 8.

Chaque action donne droit, sans distinction aucune, à une part égale à la propriété de l'actif social et à la répartition des bénéfices de la Société.

Art. 9.

Les actions seront nominatives ou au porteur, au choix des ctionnaires.

Les titres nominatifs et ceux au porteur seront extraits d'un registre à souche, numérotés et signés par deux administrateurs, ou par un administrateur et un délégué du Conseil d'administration, timbrés avec le sceau de la Compagnie, conformément aux dispositions du Code commercial, approuvé par la loi du 28 juin 1888.

ART. 10.

La cession des actions au porteur s'opère par la remise du titre, et celle des actions nominatives conformément à la loi et aux dispositions du Code commercial approuvé par la loi du 28 juin 1888.

Tout propriétaire de titres au porteur a la faculté, à toute époque, de les convertir en titres nominatifs et réciproquement.

ART. 11.

Le Conseil d'administration pourra autoriser le dépôt et la conservation des titres au porteur dans la caisse sociale, ou dans une caisse spécialement destinée à cet effet; il déterminera la forme des récépissés et les conditions de dépôt, les frais qui pourront être imposés et les mesures de garanties à prendre dans l'intérêt de la Société et des actionnaires.

ART. 12.

Les actions sont indivisibles en ce qui regarde la Compagnie, qui reconnaît seulement un propriétaire pour chaque action. Toutefois, le Conseil d'administration est autorisé à créer des titres de 20 et de 100 actions.

ART. 13.

La Compagnie remettra gratuitement 2,000 actions libérées ayant les mêmes droits que les actions souscrites, à l'Institut colonial créé par décret du 11 janvier 1891. Ces actions sont spécialement créées dans le but indiqué.

Art. 14.

La Compagnie pourra émettre des obligations pour la construction des divers travaux qu'elle aura à exécuter, conformément aux dispositions de l'article 21 du décret du 11 février 1891.

Art. 15.

L'intérêt de ces obligations sera payé par semestres, à la fin de juin et à la fin de décembre de chaque année.

L'amortissement se fera annuellement par tirage au sort, et les obligations sorties seront remboursées au pair.

Ces tirages seront publics et faits en présence du Conseil d'administration et du Conseil fiscal ou du comité de Londres ou Paris.

Le payement des intérêts et du capital des obligations sorties pour le remboursement se fera, à Lisbonne et à l'étranger, aux caisses désignées par le Conseil d'administration.

Art. 16.

Les tirages seront annoncés cinq jours au moins avant leur date, et par trois annonces successives dans les principaux journaux de Lisbonne, Paris et Londres. — On annoncera de la même manière, cinq jours après le tirage, les numéros sortis et le jour du payement, qui devra coïncider avec la liquidation des intérêts.

Art. 17.

A compter du jour désigné pour le remboursement, les obligations sorties cesseront de produire intérêt et leur valeur nominale restera en dépôt à la Compagnie jusqu'à ce que le porteur se présente pour l'encaisser, en restituant en même temps les obligations.

Art. 18.

Les obligations ainsi amorties recevront immédiatement le timbre d'annulation, et seront, dans le courant du même semestre, brûlées en présence du Conseil d'administration et de la commission fiscale, ou devant le comité de Londres ou Paris.

ART. 19.

Les obligations seront nominatives ou au porteur, au choix des souscripteurs.

Elles seront extraites d'un registre à souche, numérotées et signées par deux administrateurs, ou par un administrateur et un délégué du Conseil d'administration, et timbrées avec le sceau de la Compagnie.

Le mode de transfert sera le même que celui déjà indiqué pour les actions à l'article 10.

ART. 20.

Pour toutes les formalités relatives à l'émission et au payement des obligations, non prévues dans les articles précédents, seront en vigueur les dispositions du Code commercial, approuvé par la loi 28 juin 1888.

TITRE III

Conseil d'administration.

ART. 21.

La Compagnie est administrée par un Conseil composé de quinze membres au moins et de vingt-cinq au plus, dont la majorité sera composée de sujets portugais domiciliés en Portugal. Il y aura auprès du Conseil d'administration un commissaire royal, nommé par le gouvernement, qui aura voix consultative et sera rétribué comme les membres du Conseil.

Le siège de la Société est à Lisbonne, suivant les dispositions de l'article 16 du décret du 11 février 1891, mais elle aura à Londres ou Paris un Comité composé des administrateurs résidant hors du Portugal.

ART. 22.

Chaque administrateur devra justifier de la possession de mille actions intégralement payées qui seront inaliénables pendant la durée de ses fonctions. Ces actions seront déposées dans la caisse de la Compagnie, à son siège de Lisbonne, ou dans toute autre désignée par le Conseil d'administration.

ART. 23.

Les administrateurs actuels de la Compagnie, MM. Joaquim Carlos Paiva d'Andrada, Marquez de Fontes Pereira de Mello, et Jayme Aquello dos Santos Couvreur, sont nommés administrateurs pour une période de dix années, en conformité des décrets des 11 février et 14 mai de cette année.

MM. le comte de Penha Longa, Carlos de Lima Mayer, Carlos Algernon Moreing, comte de Mendia, duc de Marlborough, Edmond Bartissol, Eduardo Ferreira Pinto Basto, et Fitzherbert R. Despart, administrateurs actuels de la Compagnie, sont nommés pour une période de quatre années.

Le Conseil d'administration actuel aura la faculté, jusqu'à complément du nombre maximum fixé par l'article 21 des présents statuts, de nommer de nouveaux administrateurs choisis parmi les actionnaires de la Compagnie dûment habilités, et pour la même période déjà fixée au paragraphe précédent; ces nominations devront réunir les deux tiers des votes.

A l'expiration de quatre années, le Conseil sera entièrement renouvelé, sauf les membres indiqués au premier paragraphe du présent article, qui, après l'expiration de cette période de dix années, seront rééligibles comme les autres administrateurs pour le renouvellement du Conseil.

ART. 24.

Le nouveau Conseil sera renouvelé à raison d'un tiers chaque année. Les membres sortants peuvent être indéfiniment réélus.

Pour les premières applications de cette disposition, le sort indiquera l'ordre de sortie.

Le renouvellement sera fait ensuite à l'ancienneté.

S'il se produit une vacance, le Conseil d'administration y suppléera provisoirement jusqu'à la première Assemblée générale qui statuera sur la nomination définitive. L'administrateur qui aura été nommé pour suppléer à la vacance qui se sera produite, restera en fonctions seulement pendant le temps qu'aurait été en fonctions celui auquel il est substitué; il aura en tout cas les mêmes pouvoirs et sera soumis aux mêmes obligations que les autres membres du Conseil.

Art. 25.

Il y aura un président du Conseil d'administration à Lisbonne, et un président du Comité à Londres, qui seront élus par les administrateurs respectifs.

Art. 26.

§ 1. — Le Conseil d'administration se réunit sur la convocation de son président à Lisbonne, une fois par mois ou plus souvent, si les intérêts de la Compagnie l'exigent.

§ 2. — Les décisions seront prises à la majorité des votes des membres présents ou dûment représentés, conformément à l'article 27.

§ 3. — En cas de ballottage, la voix du président décidera du vote.

§ 4. — La présence de quatre administrateurs au moins est nécessaire pour que les délibérations soient valables.

§ 5. — Chaque fois que l'un des membres du Conseil demande l'ajournement d'une question quelconque jusqu'à ce que l'opinion des absents puisse être connue, cet ajournement est obligatoire, toute délibération sur le point contesté est suspendue, et le Conseil doit donner connaissance de la question aux administrateurs absents pour qu'ils puissent émettre leur vote par écrit.

§ 6. — Les réponses aux communications faites aux administrateurs absents pour qu'ils donnent leur vote, doivent parvenir dans les quinze jours suivant la remise, et par lettres enregistrées. Tout vote qui parviendra dans ce délai sera considéré comme ayant été donné de vive voix. Les votes qui parviendraient après les quinze jours terminés ne comptent pas, mais il en est fait mention dans le procès-verbal.

Art. 27.

Les administrateurs résidant en pays étrangers et ceux qui seront accidentellement absents peuvent se faire représenter aux délibérations du Conseil d'administration par un autre administrateur. Une simple autorisation par lettre suffit pour cela.

ART. 28.

Le Conseil d'administration aura les pouvoirs les plus étendus pour gérer les affaires de la Compagnie, et exercera en son nom pour tout ce qui ne sera pas de la compétence spéciale des Assemblées générales ou contraire aux lois ou aux présents statuts, conformément à l'article 34.

ART. 29.

Le Conseil et le Comité peuvent déléguer, en tout ou en partie, leurs pouvoirs pour l'expédition des affaires courantes, à un ou plusieurs administrateurs, dont le Conseil réglera les attributions.

Il pourra être donné à l'administrateur ou aux administrateurs délégués, une rémunération dont l'importance sera fixée par le Conseil d'administration.

Le Conseil pourra aussi déléguer, à qui il voudra, tout ou partie de ses pouvoirs, mais uniquement par un mandat spécial et pour un fait déterminé.

ART. 30.

Les actes d'achat, vente et échange des propriétés immobilières; les locations, les transferts de fonds, effets publics et valeurs appartenant à la Compagnie; les transactions, contrats et actes desquels il résulte une obligation quelconque, les reçus et endos, les ordres sur dépositaires de fonds, doivent être signés par le Président, par un des Vice-Présidents ou par l'Administrateur délégué, excepté dans le cas d'une délégation expresse du Conseil à un administrateur ou à un mandataire spécial.

ART. 31.

La gérance des membres du Conseil d'administration n'entraîne pour eux aucune obligation personnelle ou solidaire relativement aux actes de la Compagnie. Ils ne sont responsables que de l'exécution de leurs attributions.

ART. 32.

Les délibérations du Conseil d'administration seront l'objet de procès-verbaux qui seront transcrits sur un registre existant au siège de la Société et seront signés par le Président et par un des administrateurs, et, en cas d'absence du premier, par un autre administrateur présent à la délibération.

Les copies de ces procès-verbaux seront signées par un des administrateurs et par le président, et à son défaut par ses remplaçants.

ART. 33.

Les membres du Conseil d'administration auront droit à un traitement fixe de 300 livres sterling par an, le Conseil ayant droit en plus à la participation dans les bénéfices nets de la Compagnie, mentionnée à l'article 56 des présents statuts, laquelle participation sera divisée entre les membres suivant le mode que le Conseil résoudra.

ART. 34.

Il y aura à Londres un Comité composé d'administrateurs résidant en pays étranger.

§ 1. — Ce Comité se réunira toutes les fois que le président le jugera nécessaire.

§ 2. — La présence de trois membres suffit pour assurer la validité de ses délibérations, qui seront inscrites suivant la forme prescrite à l'article 32 pour celles du Conseil d'administration à qui il devra en être envoyé copie.

§ 3. — Le Comité donnera connaissance au Conseil d'administration de tous ses actes, dans un délai de trois jours à compter de la date des résolutions prises, et à la fin de chaque mois il enverra audit conseil un résumé de toutes ses opérations respectives accompagné des documents pouvant servir pour l'inscription et l'enregistrement régulier de tous les comptes et actes de la Compagnie.

§ 4. — L'administration générale et complète de la Compagnie appartient au Conseil d'administration et au Comité de Londres, dans la forme qui sera combinée entre eux.

Il incombe au Conseil d'administration de régler avec le Comité d'une manière permanente et définitive les attributions respectives de ce dernier, pendant que les présents statuts seront en vigueur.

§ 5. — Le Conseil d'administration a, dans ses attributions, le choix du représentant de la Compagnie en Afrique, ce choix devant être approuvé par le Comité de Londres.

§ 6. — Le Conseil d'administration devra déterminer au moyen d'un règlement les attributions dudit représentant auquel appartiendront, dans tous les cas, toutes les fonctions se rattachant aux relations politiques et administratives à avoir avec les fonctionnaires supérieurs du gouvernement en Afrique, et l'exercice des attributions résultant des droits exclusifs et privés de la souveraineté de l'État délégué à la Compagnie par les décrets des 11 février et 30 juillet de cette année.

§ 7. — Les fonctions se rapportant à l'exécution des droits exclusifs, concessions et usage des attributions de l'État que lesdits décrets confèrent à la Compagnie, ne pourront jamais être exclusivement cédées au Comité.

§ 8. — Le droit de contrôle du gouvernement ou de ses agents dans toutes les affaires de la Compagnie reste sauvegardé, dans tous les cas.

TITRE IV

Conseil fiscal.

Il y aura un Conseil de surveillance composé de sept membres, élus chaque trois ans par l'Assemblée générale ordinaire, pris parmi les actionnaires possesseurs d'au moins cinq cents actions.

Art. 36.

Les membres du Conseil de surveillance pourront être réélus.

ART. 37.

En cas d'empêchement d'un des trois membres du Conseil de surveillance, celui-ci devra choisir pour le remplacement de la vacance un des actionnaires de la Compagnie, possesseur d'un nombre d'actions qui ne soit pas inférieur à cinq cents, mais ladite nomination, pour être définitive, devra être confirmée par vote à la première assemblée générale ordinaire ou extraordinaire qui fonctionnera.

ART. 38.

Les membres du Conseil de surveillance recevront une rémunération qui sera déterminée par l'Assemblée générale. Ils recevront en outre la participation dans les bénéfices de la Compagnie indiquée à l'article 56 des présents statuts.

ART. 39.

En vertu de la faculté concédée par la loi, seront membres du premier Conseil de surveillance, pour une période de trois années, les membres actuels du Conseil de surveillance, MM. Abraham Bensande, comte de Geraz de Lima, Johannes Wimmer. Pour l'exécution de l'article 35, le Conseil de surveillance sera complété parmi les actionnaires de la Compagnie actuelle.

TITRE V

Assemblée générale.

ART. 40.

L'Assemblée générale régulièrement constituée représente la totalité des actionnaires.

Ses délibérations sont obligatoires pour tous, même pour les absents, les dissidents ou les interdits.

Art. 41

L'Assemblée générale est composée des actionnaires qui possèdent au moins cent actions.

Tout possesseur d'actions nominatives en nombre suffisant et inscrit comme tel, au moins quinze jours à l'avance, sur les livres de la Compagnie, est porté sur la liste des actionnaires qui ont droit d'assister à l'Assemblée générale.

Tout propriétaire d'actions au porteur devra les déposer dans une des caisses indiquées à l'article 22 au moins quinze jours avant la réunion.

Le propriétaire d'actions nominatives recevra une lettre de convocation.

Le possesseur d'actions au porteur recevra des caisses mentionnées un reçu nominatif indiquant le jour du dépôt des titres et qui lui servira de carte d'entrée.

Personne ne peut être représentant d'un actionnaire sans être également actionnaire ; le Conseil d'Administration déterminera la forme de la délégation de pouvoirs.

Art. 42

L'Assemblée générale des actionnaires se réunit chaque année, avant le 1er juillet, au siège de la Compagnie.

Elle se réunit en outre extraordinairement, toutes les fois que le Conseil d'Administration ou le Conseil de surveillance le jugent convenable.

Art. 43

Les convocations seront faites par annonces publiées, trente jours avant la réunion, au journal officiel de Lisbonne, et dans un journal d'annonces légales de Paris et de Londres.

Quand l'Assemblée générale aura pour but de délibérer sur des propositions mentionnées à l'article 45, les convocations devront les mentionner.

Art. 44.

L'Assemblée générale se trouve régulièrement constituée quand les actionnaires présents représentent au moins le quart du capital social, sauf en ce qui est réglementé à l'article 45.

§ 1. — Dans le cas où, à la suite d'une première convocation, il ne serait pas réuni un nombre d'actionnaires représentant au moins le quart du capital de la Compagnie, il sera procédé à la convocation d'une autre Assemblée générale, laquelle devra se réunir quinze jours au moins après la date annoncée pour la première assemblée. Les annonces pour cette convocation seront faites huit jours à l'avance.

§ 2. — Les délibérations prises par l'Assemblée générale dans cette seconde réunion seront valables quelle que soit la partie du capital représentée par les actionnaires présents, et quel que soit le nombre de ces actionnaires; mais il ne pourra être traité dans cette assemblée que seulement des faits pour lesquels elle aura été primitivement convoquée.

Art. 45.

Les délibérations relatives à des propositions de fusion ou de réunion avec d'autres Compagnies, de cession de l'Entreprise, de modification ou additions aux statuts, d'augmentation ou de diminution du Capital social, et de prorogation ou de dissolution anticipée de la Compagnie, ne pourront être prises que seulement en Assemblée générale composée d'actionnaires représentant au moins deux tiers du capital social et seront seulement exécutables après l'approbation du Gouvernement.

Dans le cas où à cette première convocation les actionnaires ne représenteraient pas les deux tiers du capital social, il sera procédé suivant le mode indiqué aux deux derniers paragraphes de l'article 44.

Art. 46.

L'Assemblée générale est présidée par le Président du Conseil d'Administration; à son défaut, par un administrateur désigné par le Conseil.

Les deux plus forts actionnaires présents remplissent les fonctions de scrutateurs, et, en cas de refus de leur part, les deux plus forts actionnaires suivants, et ainsi de suite jusqu'à ce que lesdites fonctions aient été acceptées.

Le Secrétaire est nommé par le Bureau.

Art. 47.

L'ordre du jour est déterminé par le Conseil d'administration.

Il ne sera présenté seulement que des propositions faites par le Conseil, et aussi celles qui auraient été communiquées au Conseil d'Administration quinze jours au moins avant la réunion, avec la signature de vingt actionnaires, membres de l'Assemblée générale.

Il ne devra être délibéré que sur les questions de l'ordre du jour.

Art. 48.

Les rapports des Conseils d'administration et de surveillance sur l'état des affaires de la Compagnie seront présentés à l'Assemblée générale.

L'Assemblée générale discute et approuve les comptes de la gérance.

Elle nomme les administrateurs qui doivent remplir les postes vacants, et aussi les membres du Conseil de surveillance.

Elle fixe chaque année le dividende à répartir d'après le bilan général et conformément aux présents statuts.

Elle fixe la rémunération que doivent recevoir le conseil d'administration et le conseil de surveillance.

Elle délibère finalement, dans les limites de la loi et des statuts, sur toutes les affaires de la Compagnie.

Art. 49.

Les délibérations de l'Assemblée générale seront prises à la majorité des votes des membres présents ou représentés.

Tout actionnaire, membre de l'Assemblée générale, aura un vote pour chaque cent actions qu'il possède ou qu'il représente, le nombre total de ses votes ne pouvant pas être supérieur à vingt.

Art. 50.

Les décisions de l'Assemblée générale sont consignées sur des procès-verbaux signés par les membres du bureau.

Il sera joint à chaque procès-verbal une liste indiquant le nombre des actionnaires ayant fait partie de l'Assemblée et le nombre des votes qu'ils avaient ou qu'ils représentaient.

Les extraits des procès-verbaux qui doivent être produits aux Tribunaux ou toute autre part, seront valablement préparés par le Secrétaire du Conseil.

Art. 51.

Les actionnaires résidant en pays étranger qui représenteront au moins 25 pour 100 du capital souscrit pourront se réunir en conférence, pour les effets suivants :

1° Pour examiner et discuter le Rapport et les Comptes annuels du Conseil d'administration et l'avis du Conseil de surveillance au sujet de ces documents;

2° Pour nommer les actionnaires de leur groupe qui viendront au siège de la Compagnie les représenter à l'Assemblée générale ordinaire dans laquelle seront discutés tous les rapports et propositions.

§ 1. — Les actionnaires élus en vertu du n° 2 du présent article seront admis à l'Assemblée générale sur la présentation de l'acte de la conférence dûment légalisé et contenant :

1° L'indication nominale des actionnaires faisant partie de la réunion, les résolutions prises par elle et le nombre de votes soit pour, soit contre, obtenus pour chacune de ces résolutions ;

2° La déclaration qu'ils ont pris connaissance des documents auxquels se réfère le n° 1 du présent article.

§ 2. — Ces représentants auront à l'Assemblée générale, outre les votes auxquels ils ont droit pour leurs actions, en plus ceux qu'auraient eus les actionnaires qu'ils représentent; mais dans les votes, les voix de ces derniers seront comptées exactement dans la proportion, soit pour, soit contre, qui sera constatée dans l'acte de la conférence dont il est question au paragraphe 1er.

§ 3. — Pour l'accomplissement des dispositions de cet article, les actionnaires résidant en pays étranger nommeront, parmi eux, un actionnaire chargé de recevoir de l'administration centrale les exemplaires du Rapport, les comptes et l'avis du Conseil de surveillance pour les distribuer ; de convoquer la conférence et de correspondre avec l'administration.

§ 4. — Le Conseil d'administration, après que le rapport et les comptes auront été examinés par le Conseil de surveillance, est obligé de remettre une copie de ce document à l'actionnaire qui aura été nommé dans les termes et pour les effets mentionnés au paragraphe précédent.

§ 5. — Les précédentes dispositions ne préjudicient en rien au droit qu'a tout actionnaire résidant en pays étranger, de venir prendre part personnellement à l'Assemblée générale, quand il ne voudra pas user de la faculté concédée par le présent article.

§ 6. — Dans le cas prévu par cet article, le jour de la réunion de l'Assemblée générale sera fixé de manière que les dispositions que cet article contient puissent être exécutées.

§ 7. — Sauf le cas auquel cet article se réfère, les actionnaires résidant en pays étranger sont en tout et pour tout considérés comme les actionnaires nationaux résidant en Portugal.

TITRE VI

Situation de la Compagnie. — Inventaire.

Art. 52.

L'année sociale commence le 1er janvier et finit le 31 décembre. Par exception, le premier exercice comprendra le temps restant à courir entre la constitution de la présente Compagnie et le jour du 31 décembre 1892.

Art. 53.

Le Conseil d'administration fera chaque semestre un résumé de la situation active et passive de la Compagnie et la présentera au Conseil de surveillance.

En plus de cela, il fera à la fin de chaque année sociale un inventaire qui contiendra l'indication des valeurs mobilières et immobilières et de tout l'actif et le passif de la Compagnie.

L'inventaire, le bilan et le compte de profits et pertes seront remis au Conseil de surveillance au moins deux mois avant l'Assemblée générale et seront présentés à cette même Assemblée.

TITRE VII

Dispositions diverses.

Art. 54.

L'année financière de la Compagnie finit au 31 décembre.

Art. 55.

La répartition des bénéfices nets annuels sera proposée par le Conseil d'Administration et votée par l'Assemblée générale, mais, tant que le fonds de réserve correspondant au capital social émis et auquel se réfère l'article 32 du décret du 11 février 1891 n'aura pas été formé, on réservera chaque année pour cela au moins cinq pour cent des bénéfices nets de la Compagnie.

Art. 56.

Les bénéfices nets annuels seront appliqués :

1° Au fonds de réserve ;

2° Au payement du partage ou des partages de ces bénéfices qu'il pourrait y avoir à effectuer en vertu d'obligations prises avec le Gouvernement, les Compagnies ou des particuliers ;

3° Au payement d'une part de cinq pour cent des mêmes bénéfices pour la rémunération des Conseils d'Administration et de Surveillance, cette part devant être divisée à raison de neuf dixièmes pour le Conseil d'Administration et un dixième pour le Conseil de Surveillance ;

4° A la distribution d'un dividende égal pour toutes les actions de la Compagnie.

Art. 57.

Les présents statuts doivent toujours être interprétés en accord avec les décrets des 11 février et 31 juillet 1891.

Ils serviront pour l'interprétation des articles desdits décrets qu'ils expliquent et amplifient ; étant entendu que lesdits décrets ne pourront jamais être altérés ou annulés en tout ou partie par les présents statuts.

Au Palais, le 28 décembre 1891.

(*Signé*) **Julio Marquès de Vilhena.**

MINISTÈRE DE LA MARINE ET DES COLONIES

DIRECTION GÉNÉRALE DES COLONIES

Décret.

1er BUREAU.

La Compagnie de Mozambique ayant soumis à l'approbation du gouvernement le règlement pour la recherche, la concession et l'exploitation des pierres et métaux précieux et des mines en général, sur son territoire de Manica et Sofala :

J'ai pour le bien, me conformant à l'avis de la junte consultative des colonies, et usant de la faculté qui m'a été concédée par le paragraphe 1er de l'article 15 du premier acte additionnel à la charte constitutionnelle de la monarchie, approuvé ledit règlement, contresigné par le ministre et secrétaire d'Etat de la Marine et des Colonies.

Le même ministre et secrétaire d'Etat de la Marine et des Colonies est chargé de l'exécution de ce décret.

Au Palais, le 18 mai 1892.

Signé : LE ROI.

Contresigné : FRANCISCO JOAQUIM FERREIRA DO AMARAL.

REGLEMENT pour la recherche, la concession et l'exploitation des pierres et métaux précieux, et des mines en général, sur le territoire de la Compagnie de Mozambique.

CHAPITRE PREMIER

Dispositions générales.

ARTICLE PREMIER.

Conformément aux clauses des décrets du gouvernement de Sa Majesté des 11 février et 30 juillet 1891, il appartient exclusivement à la Compagnie de Mozambique, qui dans ce règlement sera désignée sous le nom de « la Compagnie », le droit d'exercer et d'autoriser l'exercice de l'industrie minière sur toute l'étendue de sa concession.

ART. 2.

Ce règlement ne peut autoriser la vente ou la transmission d'un droit quelconque que la Compagnie ne possède pas elle-même.

Art. 3.

Tous les dépôts d'or, argent ou pierres précieuses, comme aussi tous les autres gisements métalliques existant sur le territoire de la Compagnie à Manica et Sofala qui n'ont pas été concédés, sont déclarés libres et ouverts à l'exploitation.

CHAPITRE II

Découvertes.

Art. 4.

Toute personne qui aura signé préalablement une déclaration dans laquelle elle s'obligera à respecter les lois portugaises et les règlements de la Compagnie et à soutenir et maintenir l'autorité de cette dernière, pourra obtenir et posséder une licence minière qui lui permettra de faire des recherches pour l'or, l'argent et les métaux en général, les pierres précieuses, le charbon de houille, le sel, le pétrole et autres minerais ou substances minérales, en tout point du territoire de la Compagnie à Manica et Sofala, qui ne sera pas à une distance moindre de 500 mètres de tout édifice, route, chemin de fer ou canal, payant pour cette licence la somme annuelle et par avance de 1 livre sterling.

Art. 5.

Tout porteur d'une licence minière devra, quand l'autorité compétente le réclamera, prêter aide pour le maintien de l'ordre, sous peine, quand il s'y refusera, de voir annuler sa licence et tous les droits qui en dérivent et d'être soumis au paiement d'une amende qui ne sera pas supérieure à 50 livres sterling.

CHAPITRE III

Exploitation de pierres et métaux précieux.

Art. 6.

Le porteur d'une licence minière pour l'exploitation de l'or, argent et pierres précieuses aura le droit de marquer et de posséder des claims ou lots de terrains miniers, moyennant une rente annuelle et payée par avance de 6 livres sterling pour chaque terrain ou claim.

ART. 7.

La surface de chaque lot minier sera :

En veines ou filons de quartz ou de toute autre roche contenant de l'or ou de l'argent, de 100 mètres dans la direction du filon, pour 100 mètres dans le sens perpendiculaire au même filon ;

Dans les terrains d'alluvion aurifères, un carré de 100 mètres de côté.

ART. 8.

Les démarcateurs de lots sont obligés de faire dans le bureau de la Compagnie, qui sera indiqué par le gouverneur, l'enregistrement de leurs lots. Cet enregistrement indiquera :

a. Le nom ou les noms des démarcateurs;

b. La date de la démarcation ;

c. La description du ou des lots démarqués, avec l'indication des repères ou signaux permanents existant sur le terrain, pouvant servir à déterminer à toute époque leur position ;

d. La nature minière de la substance à exploiter dans le ou les lots.

ART. 9.

Sur chaque lot démarqué après le 1er juin 1892, le locataire devra dépenser annuellement, en travaux d'exploitation ou en œuvres destinées à cette même exploitation, une somme minima de 20 livres sterling; étant toujours entendu que la période durant laquelle cette dépense sera exigible commencera à courir de la date de démarcation du lot. — En n'accomplissant pas cette obligation, le locataire perdra, *ipso facto*, le droit au ou aux lots pour lesquels cette infraction aura été commise.

ART. 10.

Les propriétaires de lots miniers auront, tant qu'ils accompliront les lois portugaises et les règlements de la Compagnie, le droit exclusif d'exploiter ou d'autoriser l'exploitation de tous les filons, veines ou dépôts qui existent sur le terrain délimité par des plans verticaux passant par la surface de ses lots.

CHAPITRE IV

Exploitation de pierres et métaux précieux en association.

Art. 11.

Les propriétaires de lots voisins pourront grouper leurs lots, en en faisant la demande au service compétent de la Compagnie, et en payant une redevance de 5 livres sterling pour chaque lot groupé.

§ 1er. — Aucune association ne pourra avoir plus de 10 lots ni moins de 6, et la somme totale qui aurait dû être dépensée annuellement sur chacun de ces lots, s'ils étaient restés isolés, pourra être dépensée en améliorations sur toute partie de l'ensemble au choix des propriétaires.

§ 2. — Le propriétaire ou les propriétaires de chaque groupe de lots sont obligés d'en faire l'enregistrement respectif au service compétent de la Compagnie, en présentant en même temps un plan topographique et un mémoire descriptif du groupe, légalisés par un géomètre dûment autorisé.

Art. 12.

Les possesseurs d'un groupe de lots pourront, en satisfaisant aux conditions indiquées ci-dessous, obtenir de la Compagnie un diplôme au titre de propriété, qui les mettra en pleine possession de ces groupes, à l'exclusion de tous les droits que la Compagnie a sur eux.

a. Sur la demande sollicitant ce titre de propriété, le requérant devra déclarer se soumettre à toutes les conditions générales et spéciales que la Compagnie jugera convenable de lui imposer; elle devra être accompagnée d'un plan topographique et d'un mémoire descriptif de la propriété demandée, légalisés, comme pour le § 2 de l'article 11, par un géomètre dûment autorisé et aussi par deux témoins assermentés déclarant que les plans et édits ont bien été publiées dans la forme prescrite.

b. Les limites de la propriété seront démarquées distinctement au moyen de marques placées sur le terrain.

c. Sur ces marques ou près d'elles, ou en tous autres endroits visibles de la propriété, aussi bien qu'au bureau compétent de la Compagnie, seront affichées, pendant au moins 10 jours, des copies du plan topographique de la concession demandée et anssi des actes relatifs à la demande d'achat.

d. La demande sera accompagnée d'un certificat signé par un géomètre dûment autorisé, ou un autre fonctionnaire nommé dans ce but, informant qu'il a déjà été dépensé dans le groupe dont il s'agit, en travaux et améliorations, une somme pas inférieure à 1,000 livres sterling.

§ 1er. — Dès que les conditions indiquées ci-dessus auront été remplies, l'autorité compétente fera afficher au secrétariat, et en quatre endroits différents de la propriété bien visibles, des affiches constatant la présentation de la demande et la description de la propriété, cet affichage devant durer pendant un délai de 60 jours. Ce délai expiré, le requérant présentera au bureau compétent de la Compagnie une déclaration assermentée que les affiches ci-dessus mentionnées ont bien été placées dans la propriété.

§ 2. — Cette déclaration assermentée ayant été faite, s'il n'est survenu aucune réclamation, l'autorité compétente enverra au gouverneur un rapport relatant tous les faits, avec la description, le plan topographique et un mémoire descriptif de la propriété, ainsi que tous les documents y relatifs, et si tout est en ordre, le gouverneur fera donner le titre de propriété, qui sera remis au requérant moyennant le paiement de 500 livres sterling pour chaque groupe.

§ 3. — S'il survient quelque réclamation relative à la totalité ou à une partie de la propriété à acquérir, l'opposant ou les opposants présenteront à l'autorité compétente un exposé de leur réclamation pour en démontrer la nature, les limites et l'étendue du terrain contesté ; et dans les dix jours la question de droit sera tranchée. — L'autorité compétente, après avoir entendu les parties, jugera la cause et remettra au gouverneur une copie de sa sentence. — S'il ressort de la décision de l'autorité compétente que le requérant qui demande la propriété du groupe a droit à la totalité de cette propriété, il lui sera remis le titre de possession. — Si cependant il est prouvé que le requérant a droit seulement à une partie de la propriété demandée et que le ou les opposants ont des droits sur une ou plusieurs parcelles, en ce cas, chacune des parties ayant des droits, pourra acquérir la parcelle de ladite propriété lui appartenant, en payant au prorata les frais et coûts du procès ; il pourra ensuite céder les titres de sa parcelle de propriété à l'une quelconque des autres parties, à condition toutefois que ces titres réunis ne représentent jamais moins qu'un groupe de 6 claims.

CHAPITRE V

Transmission de parcelles de terrains et de groupes.

ART. 13.

Le locataire ou le propriétaire d'une ou de plusieurs parcelles, ou de un ou plusieurs groupes de terrains, ou de quelque partie de ces groupes, soit que son droit provienne d'un titre de propriété ou de tout autre document légal, pourra céder ou transférer ses droits en faveur de tout individu autorisé à posséder des propriétés minières, ou d'une compagnie dûment enregistrée.

§ Ier. — La vente ou le transfert de ces droits se fera au moyen d'un acte sur lequel il sera mentionné :

a. Les noms et domiciles du vendeur et de l'acheteur ,

b. La description de la propriété transférée :

c. Le prix payé ou à payer.

§ 2. — L'acheteur fera enregistrer cet acte au bureau compétent de la Compagnie, en payant les droits de transfert, qui seront de 4 0/0 dans le prix de vente en espèces.

§ 3. — Si la vente est faite en espèces et en actions, et si l'autorité compétente juge que la partie en espèces est manifestement inférieure à la valeur de la propriété, elle fera évaluer celle-ci par des experts, en fixant les droits de transfert à 4 0/0 de la valeur désignée par ces experts.

CHAPITRE VI

Exploitation des autres gisements métalliques.

ART. 14.

Pour les gisements métalliques autres que ceux d'or ou d'argent, chaque parcelle minière pourra avoir une surface de 100 hectares et être louée à tout possesseur d'une licence minière, moyennant le paiement d'une redevance annuelle et par avance de 15 liv. st. Chacune de ces parcelles pourra être acquise à titre permanent sous la forme indiquée à l'art. 12, moyennant le paiement en un seul versement de 300 livres sterling. Cependant, si, à toute époque, on vient à découvrir dans ces propriétés de l'or, de l'argent ou des pierres précieuses, la Compagnie aura le droit de reprendre la parcelle, en indemnisant l'acheteur de la somme qu'il aura payée.

Art. 15.

Tout individu dûment autorisé aura le droit de démarquer et d'enregistrer des parcelles, d'une superficie n'excédant pas 100 hectares, dans les terrains carbonifères libres, payant pour chaque parcelle une redevance annuelle et par avance de 15 livres sterling. Ces parcelles pourront également être acquises à titre permanent, suivant le mode prescrit ci-dessus, en payant pour chacune d'elles 300 livres sterling en une seule fois. Ces parcelles seront, en cas de découverte sur l'une d'elles d'or, d'argent ou de métaux précieux, sujettes aux restrictions de l'article précédent.

Art. 16.

Quand le Gouverneur de la Compagnie aura constaté l'existence, sur un point quelconque de la province de Manica et Sofala, de dépôts de sel gemme, ou de terrains propres à l'extraction du sel, il fera procéder aux recherches nécessaires, et après avoir vérifié l'existence du sel, il pourra diviser le terrain en lots, et donner en location ces dépôts ou terrains suivant le mode qu'il jugera le plus convenable.

Il appartient également au Gouverneur de réglementer, d'accord avec les décisions du conseil d'administration, la forme d'exploitation des salines sur les côtes des territoires de la Compagnie.

Art. 17.

S'il parvient à la connaissance du Gouverneur de la Compagnie que, sur le territoire de la province de Manica et Sofala, il a été découvert du pétrole ou autre huile minérale, et après avoir procédé aux enquêtes pour confirmer l'existence du pétrole, autres huiles minérales ou même schistes oléagineux, les terrains pourront en ce cas être loués à toute personne dûment autorisée, en lots qui n'excéderont pas 100 hectares chacun, moyennant le paiement d'une redevance annuelle et par avance de 25 liv. st. pour chaque lot. Ces parcelles pourront être acquises en propriété permanente aux conditions déjà prescrites pour les groupes de lots de terrains miniers, moyennant le paiement de 500 livres sterling par parcelle, les locataires ou propriétaires étant soumis, quant à l'or, l'argent et les pierres précieuses, aux conditions énoncées à la fin de l'article 14.

CHAPITRE VII

Statistique minière.

Art. 18.

Avant le 5 de chaque mois, le locataire ou le propriétaire de mines, quelle qu'en soit la nature, et s'il s'agit de Compagnies, leur représentant, devront envoyer à l'autorité compétente des déclarations écrites sur lesquelles il sera indiqué :

a. Le lieu de la propriété ;

b. La nature de la mine ;

c. Le nom ou les noms des propriétaires ou locataires de la mine ;

d. La quantité du minerai extrait pendant le mois précédent ;

e. Le nombre d'employés et ouvriers du mois précédent ;

f. Le nombre et la cause des accidents survenus pendant le mois.

Tout propriétaire ou locataire qui manquera à l'accomplissement de cette obligation encourra une amende n'excédant pas 20 livres sterling pour la première infraction et pas supérieure à 50 livres pour toute infraction postérieure.

CHAPITRE VIII

Des matériaux de construction et du combustible existant dans le pays.

Art. 19.

Les propriétaires de licences et propriétés minières ou leurs représentants pourront obtenir du chef de leur circonscription une permission pour la coupe des bois de construction et de chauffage, destinés à leur usage personnel, dans les terrains libres et qui n'ont pas encore de destination tant pour les constructions et travaux miniers que pour leur usage personnel.

Ces bois ne pourront être vendus sans une autorisation spéciale du chef de la circonscription, lequel fera vérifier si quelque bois n'a pas été enlevé desdits terrains et employé à d'autres buts que ceux spécifiés.

Des prescriptions analogues seront appliquées aux carrières et dépôts argileux, ou de tous autres matériaux employés dans des constructions ou en usage dans l'industrie.

Le prix de ces permissions, qu'il s'agisse de bois ou de pierres, sera de 1 liv. sterling pour la première année ou partie d'une année, à compter de la date de l'autorisation jusqu'au 31 décembre suivant; cette permission devra être renouvelée chaque année le 1er janvier pour le même prix.

Tout le bois, la pierre, l'argile, le kaolin ou produits similaires, extraits ainsi, seront payés à un prix fixé par un règlement spécial.

CHAPITRE IX

Des eaux courantes.

Art. 20.

Les eaux des fleuves et rivières existant sur les territoires de la province de Manica et Sofala, et leur usufruit, appartiennent exclusivement à la Compagnie. Le droit de faire usage de ces eaux pourra être acquis en se conformant aux règlements spéciaux que la Compagnie promulguera, et en payant les taxes que ces règlements fixeront.

Art. 21.

Les propriétaires de terrains riverains des cours d'eau, et ceux des usines et autres établissements industriels se trouvant dans les mêmes conditions, comme aussi les habitants de ces terrains, n'auront aucun droit de réclamation contre la Compagnie ou contre les possesseurs légitimes de propriétés minières, pour dommage résultant du mélange dans les eaux courantes d'autres eaux ou de résidus provenant des mines ou de préparation mécanique et métallurgique des minerais.

Art. 22.

Les propriétaires ou usufruitiers de terrains riverains des cours d'eau, qui auront cultivé ou occupé ces terrains, avant la découverte de mines d'or, argent, ou pierres précieuses dans les vallées de ces cours d'eau, auront droit, en tous temps et circonstances, à l'eau dont ils avaient besoin pour leur usage et l'irrigation de leurs propriétés à l'époque de la découverte.

Cette quantité d'eau sera évaluée par un fonctionnaire compétent de la Compagnie et le propriétaire riverain pourra en disposer comme il l'entendra.

Le surplus de l'eau des fleuves et rivières excédant le volume auquel ont droit les propriétaires riverains appartient à la Compagnie qui en disposera conformément à des règlements spéciaux publiés en temps opportun.

Art. 23.

Quand il n'y aura pas d'eau dans des propriétés minières, leurs possesseurs ou leurs représentants pourront acquérir l'usage de l'eau la plus prochaine existant dans les terrains de la Compagnie, en s'adressant au chef de la circonscription, qui décidera en toute justice et équité, suivant les circonstances locales et en réservant les droits déjà acquis. Les décisions du chef de circonscription ne seront définitives qu'après avoir été approuvées par le gouverneur.

ART. 24.

Toutes les personnes qui désireront dévier un cours d'eau pour l'employer à des travaux miniers ou autres, ouvrir une prise d'eau et construire des barrages ou des réservoirs en communication avec ce cours d'eau, s'adresseront au chef de la circonscription en indiquant :

a. Le nom du fleuve, ou source d'où il veut dévier l'eau ;

b. Le point d'où il entend effectuer la déviation du lit naturel ;

c. Le motif pour lequel l'eau lui est utile ;

d. La propriété ou les propriétés que la prise d'eau va traverser, et celles où des barrages ou réservoirs devront être construits ;

e. La quantité d'eau que l'on veut utiliser ;

f. Le nombre de barrages ou de réservoirs que l'on a le projet de construire ;

g. La longueur de la prise d'eau ;

h. Son point terminus ;

i. Les nom, prénoms et domicile du requérant.

§ 1er. — La demande sera accompagnée d'un plan topographique levé par un géomètre, dûment autorisé, faisant voir, autant que possible, tous les détails de la prise d'eau, barrages ou réservoirs projetés et leur position. Il sera envoyé copie de la demande et du plan à tous les possesseurs des propriétés qui pourraient être endommagées par la prise d'eau, barrages ou réservoirs, et des copies seront affichées au bureau de la circonscription pendant dix jours pleins. Si, passé ce délai, aucune réclamation valable n'a été présentée, après une déclaration sous serment du requérant qu'il respectera rigoureusement les règlements de la Compagnie, le chef de circonscription donnera, s'il le juge convenable, l'autorisation demandée et le droit d'exiger de l'aide pour la construction de la prise d'eau, barrage ou réservoir.

§ 2. — Les individus à qui aura été concédée la construction de prises d'eau, barrages ou réservoirs, demeurent responsables pour les dégâts ou préjudices que leurs travaux causeront aux propriétés particulières.

§ 3. — Tous les possesseurs de parcelles minières et groupes de parcelles, soit en location, soit en toute propriété, seront sujets aux dispositions des articles 20, 21, 22, 23 et 24 du présent règlement.

CHAPITRE X

Des terrains pour établissements industriels miniers.

ART. 25.

Quand les locataires ou propriétaires de parcelles ou groupes miniers désireront une portion de parcelle hors de leur propriété, faisant partie d'un terrain non minier, pour y construire des usines ou pilons, ou pour tout autre but, ils pourront l'acquérir suivant le mode stipulé au chapitre IV de ce règlement relatif aux parcelles minières; mais la superficie achetée pour le motif ci-dessus ne pourra pas excéder deux hectares, et il sera payé une location de 6 livres sterling.

Ces terrains pourront être aussi acquis en toute propriété suivant le mode indiqué au chapitre VI de ce règlement, la superficie ne devant pas dépasser deux hectares ; le prix sera de 100 livres sterling, plus un impôt annuel minimum de 10 reis par hectare.

§ Unique. — La location ou l'acquisition de lôts de terrains, d'une superficie ne dépassant pas deux hectares, sera autorisée à toute personne ayant l'intention d'y établir des appareils destinés à la préparation mécanique ou métallurgique des minerais.

CHAPITRE XI

Géomètres.

ART. 26.

Le gouverneur nommera dans chaque circonscription le nombre de géomètres assermentés nécessaire pour la levée des plans topographiques des terrains miniers, cours et prises d'eau et autres travaux de même nature. Il fixera la rémunération maxima qu'ils pourront exiger pour leurs services.

Afin de contrôler si ce maximum n'est pas dépassé, les individus qui auront utilisé les services de ces géomètres et les auront payés, enverront au secrétariat de la circonscription une déclaration sous serment des paiements effectués.

CHAPITRE XII

Du commerce des pierres et métaux précieux.

Art. 27.

Aucune personne ne pourra acheter, vendre, échanger, ou exercer d'une manière quelconque le commerce des pierres ou métaux précieux à l'état brut, sans avoir obtenu une patente spéciale et que cette patente soit en vigueur. La demande de cette patente devra être faite au chef de la circonscription, qui pourra la concéder aux personnes aptes à la recevoir.

§ Unique. — Il sera fait exception à cette disposition pour les mineurs proprement dits, et les Compagnies dûment enregistrées exploitant des mines.

Art. 28.

Tout négociant en métaux et pierres précieuses à l'état brut, autorisé et possédant la patente, aura des livres pour l'inscription de ses transactions suivant des modèles donnés, et enverra au chef de sa circonscription, le 1er de chaque mois, un extrait de ces livres montrant les transactions du mois précédent.

CHAPITRE XIII

Pénalités.

Art. 29.

Tout individu, obligé en vertu du présent règlement d'avoir une licence de quelque nature qu'elle soit, devra la présenter chaque fois qu'elle lui sera demandée par un fonctionnaire de la Compagnie dûment autorisé. En ne le faisant pas, il sera passible d'une amende jamais supérieure à 5 livres sterling pour chaque contravention.

Art. 30.

Toute personne qui aura déplacé ou détruit un signal, marque ou balise indiquant les extrémités ou limites d'une propriété régulièrement démarquée, sera punie pour ce délit d'une amende qui ne sera pas supérieure à 100 livres sterling, ou si elle ne paie pas, de la prison n'excédant pas une année.

ART. 31.

Tout individu qui ouvrira une prise d'eau ou détournera un cours d'eau, qui coupera une route ou un chemin postal, sera tenu de construire un pont donnant toute assurance, de la largeur de la route ou du chemin postal. En ne le faisant pas, il encourra une amende n'excédant pas une livre sterling par jour, jusqu'à la construction du pont; il sera, en ce cas, permis à toute personne, fonctionnaire de la Compagnie ou non, de combler ce cours d'eau, sans encourir aucune pénalité.

ART. 32.

Toute personne qui aura volontairement dégradé ou détruit une machine minière, canal, prise d'eau, ou autre propriété de toute nature, ou qui aura tenté de commettre ce délit ou poussé quelqu'un à le commettre, sera punie d'une amende non supérieure à 1,000 livres sterling ou d'un emprisonnement n'excédant pas cinq années.

ART. 33.

Toute personne qui, sans en avoir l'autorisation ou la patente, coupera du bois de construction ou de chauffage sur un terrain quelconque dont il ne sera pas légitimement possesseur, sera punie, pour chaque contravention, d'une amende pas supérieure à 5 livres sterling ou d'un emprisonnement n'excédant pas un mois.

ART. 34.

Toute personne qui sera rencontrée prospectant sans licence pour rechercher des métaux, pierres précieuses, ou toute autre substance pour laquelle une licence est nécessaire d'après ce règlement, sera punie d'une amende pas inférieure à 5 livres sterling, ni supérieure à 25 pour chaque délit, et, faute de paiement, d'un emprisonnement pas supérieur à trois mois.

ART. 35.

Toutes les personnes qui commettront un acte de sédition, rébellion ou résistance illégale contre l'autorité ou les fonctionnaires de la Compagnie, en plus de la peine prononcée contre elles par les autorités judiciaires pour le délit, perdront droit aux licences qu'elles pourraient avoir, et aux propriétés qu'elles auraient acquises sur les territoires de la Compagnie.

Secrétariat d'Etat de la marine et des colonies.

Le 18 mai 1892.

Signé : **Francisco Joaquim Ferreira do Amaral.**

RÈGLEMENT pour la concession de terrains à titre de possession ou d'occupation provisoire sur le territoire de la Compagnie de Mozambique.

DISPOSITION GÉNÉRALE

De la classification des terrains libres.

ARTICLE PREMIER.

Les terrains placés sous la juridiction de la Compagnie de Mozambique sont de trois classes :

1° Terrains destinés à créer des villages;

2° Terrains incultes, inhabités et destinés à l'agriculture ou à l'industrie;

3° Terrains incultes avec la même destination que ci-dessus, mais sur lesquels se trouvent déjà des villages indigènes.

§ Unique. — Dans aucune des trois classes énumérées ne sont compris les terrains des « Domaines de la Couronne » dont le régime se trouve établi par le décret du 18 novembre 1890, et le paragraphe 9 de l'article 21 du décret du 11 février 1891, et l'article 29 du décret du 7 mai 1892.

CHAPITRE PREMIER

Des terrains de 1re classe.

ART. 2.

Sont considérés terrains de première classe ceux que le gouverneur a déclarés tels au bulletin officiel de la Compagnie.

ART. 3.

Il pourra être déclaré ou la surface exacte de l'emplacement où devra être construit le village, ou seulement sa position approximative.

Dans ce dernier cas, l'endroit sera choisi en ayant en vue la facilité des communications, la position la plus favorable au commerce, à la défense militaire et aux meilleures conditions hygiéniques.

ART. 4.

Le Directeur du service du cadastre fera lever le plan respectif à l'échelle de 1/2000, et y dessinera le village projeté avec ses rues, places et jardins, avec un numéro d'ordre pour les constructions. Ce plan sera ensuite rapporté sur le terrain, en marquant au moyen de piquets un certain nombre de lots.

§ 1. — Les lots devront avoir 40 mètres de façade sur 50 de profondeur, ces dimensions pouvant être modifiées en plus ou en moins, quand les circonstances l'exigeront ou le conseilleront.

§ 2. — Sur le plan devront être marqués les lots réservés pour des constructions et services de la Compagnie, ou pour tout autre but que le gouverneur jugera convenable.

ART. 5.

L'emplacement du village ayant été fixé, le chef de la circonscription dans laquelle il se trouve placé enverra au gouverneur un rapport dans lequel il lui communiquera son opinion, principalement au sujet de la location qui devra être payée par mètre carré de terrain.

ART. 6.

Le bureau du cadastre enverra de son côté un rapport analogue, accompagnant une copie du plan, avec son opinion sur l'hygiène des maisons et le système des égouts.

ART. 7.

Le gouverneur, autorisé par le conseil d'administration de la Compagnie, décidera de la somme à payer pour chaque lot, en recevant l'acte de concession, comme aussi sur la location annuelle à payer par mètre carré de terrain. Il déterminera également les conditions auxquelles devront satisfaire les constructions dans l'intérieur du nouveau village.

ART. 8.

Les conditions générales et prix par lot et par mètre carré, seront tenus, au secrétariat de la circonscription, à la disposition de qui voudra les consulter. Sur le plan devront être indiqués les lots libres et ceux déjà concédés.

CHAPITRE II

Concessions. — Conditions et formalités à remplir.

ART. 9.

Chaque lot ne pourra être concédé qu'en totalité.

ART. 10.

Tout individu ou Compagnie, national ou étranger, qui désire acquérir un ou plusieurs lots, doit en faire la demande au chef de la circonscription, lequel fera afficher immédiatement, aux endroits d'usage, pendant 15 jours, des édits, pour prévenir ceux qui se croiraient en droit de mettre opposition à la concession demandée.

§ Unique. — Il est entendu que les compagnies ou individus étrangers renoncent à tous les droits qu'ils ont ou pourraient avoir comme tels, et se soumettent, pour tout ce qui a trait à la concession des terrains, aux lois portugaises et aux règlements de la Compagnie.

ART. 11.

Dans sa requête, le requérant doit indiquer à quel usage il destine le terrain demandé.

ART. 12.

En présentant sa requête, l'intéressé pourra demander un certificat constatant le jour et l'heure auxquels il l'a présenté. Ce certificat sera remis par le chef de la circonscription à l'intéressé, qui paiera pour ce document 2,250 reis (Modèle A).

§ Unique. — La date et l'heure de la remise de chaque requête seront inscrites sur un registre au secrétariat de la circonscription.

Art. 13.

Après un délai de 15 jours, s'il n'y a pas eu opposition, le bureau du cadastre passera l'acte de propriété, qui ne sera remis à l'intéressé que contre le paiement de la somme correspondant aux charges de la première année.

§ 1er. — Pour l'acte de propriété, l'intéressé paiera 9,000 reis.

§ 2. — Les titres de propriété seront inscrits, par ordre de date, sur un registre au bureau du cadastre. Il en sera donné des copies certifiées conformes quand elles seront demandées, moyennant le paiement par l'intéressé de 2,250 reis.

Art. 14.

S'il y a une opposition, pour cause d'intérêt général, le chef de la circonscription décidera de sa validité dans un délai de 15 jours, avec faculté de recours auprès du gouverneur, qui résoudra la question en dernier ressort et sans appel.

§ Unique. — Si l'opposition est faite pour des intérêts particuliers, elle sera résolue par le pouvoir judiciaire.

CHAPITRE III

Des terrains de 2e classe. Concessions. — Conditions et formalités à remplir.

Art. 15.

Les terrains de 2e classe pourront être concédés à toute Compagnie ou tout individu, national ou étranger, avec la restriction indiquée au paragraphe unique de l'article 10.

Art. 16.

La surface maxima de ces terrains, sans solution de continuité, qui pourra être concédée, est de 2,000 hectares.

ART. 17.

Les demandes de concession des terrains de 2e classe devront être faites au gouverneur par l'intermédiaire du chef de la circonscription, en indiquant le nombre d'hectares, et, aussi exactement que possible, la situation du terrain et la distance du siège de la circonscription.

ART. 18.

Le chef de la circonscription fera immédiatement publier et afficher, aux endroits d'usage, pendant 15 jours, des édits pour prévenir ceux qui se croiraient en droit de mettre opposition à la concession demandée.

ART. 19.

Le chef de la circonscription enverra en même temps la demande à l'employé du service du cadastre.

Passé le délai, il enverra au gouverneur la demande de concession avec un exemplaire des édits affichés et son avis sur la question, principalement en ce qui concerne la redevance qui devra être payée par mètre carré ou par hectare du terrain demandé.

S'il y a une opposition, il l'enverra également au gouverneur avec son opinion sur sa validité.

ART. 20.

Le gouverneur décide s'il y a lieu d'accorder la concession et fixe les charges auxquelles devra être soumise la propriété.

S'il y a une opposition, il sera fait comme il est dit aux articles 8 et 9 du décret du 10 octobre 1865.

ART. 21.

La concession accordée, le chef de la circonscription mettra le concessionnaire en possession du terrain en lui remettant le titre de propriété, quand celui-ci aura eu déposé au bureau des finances de la circonscription, dans un délai maximum de trois mois, la somme jugée nécessaire pour les dépenses de mensuration, la levée du plan, comme aussi la redevance et les diverses charges de la concession à payer pendant un an. — En ne procédant pas ainsi, il sera entendu que l'intéressé renonce à la concession.

§ Unique. — Le concessionnaire pourra accompagner le personnel du cadastre chargé de la mensuration. S'il ne le fait pas, il devra accepter la mensuration faite.

ART. 22.

Celui qui par mauvaise foi ou volontairement aura détruit des piquetages ou autre marques de la mensuration, consignés dans l'acte, sera passible des peines de l'article 446 du Code pénal.

ART. 23.

Sur les actes de propriété, il sera spécifié que la Compagnie se réserve :

1° La propriété des eaux courantes dépassant la consommation pour les exploitations agricoles ou industrielles du concessionnaire ;

2° Le droit de reprendre les terrains nécessaires pour les travaux d'utilité publique, en indemnisant le propriétaire uniquement des dépenses qu'il aura faites pour améliorations, et d'une somme proportionnelle à la surface reprise, calculée sur le prix total payé pour le terrain concédé ;

3° Le contrôle des bois et forêts existant sur le terrain concédé, et qui ne peuvent être détruits sans une autoration spéciale du gouverneur. Leur exploitation et leur utilisation par les concessionnaires ne seront permises que moyennant l'observation des règlements spéciaux déjà existants ou qui viendront à être promulgués par la suite.

CHAPITRE IV

Des terrains de 3e classe.

ART. 24.

Les concessions de terrains de 3e classe sont réglementées comme celles de 2e classe, en tenant compte des articles suivants qui se rapportent aux relations entre le concessionnaire et les indigènes établis sur le même terrain.

Art. 25.

Pour les terrains de 3e classe, les concessions pourront excéder les 2,000 hectares prescrits à l'article 16 d'autant d'hectares qu'il y aura de paillottes indigènes établies sur le terrain à l'époque de la concession.

Art. 26.

En faisant sa demande, le concessionnaire doit déclarer s'il désire que les paillottes des indigènes restent aux endroits où elles se trouvent, ou si elles doivent être toutes déplacées pour une autre partie du terrain propre à la culture et située dans l'intérieur de la concession. Ce terrain sera délimité et piqueté par le géomètre de la Compagnie, de manière que, en tout cas, il soit réservé auprès de chaque paillotte ou groupe de paillottes une surface de terrain équivalente à un hectare par paillotte pour être cultivée par les indigènes.

§ Unique. — En cas de déplacement des paillottes sur son désir, le concessionnaire paiera à chaque indigène une indemnité fixée par le chef de la circonscription, pour la reconstruction de sa paillotte.

Art. 27.

Il pourra être inséré dans l'acte de concession, si le chef de la circonscription et le concessionnaire sont d'accord à ce sujet, une clause d'après laquelle le concessionnaire deviendra responsable du paiement de l'impôt annuel de paillotte calculé sur le nombre de paillottes existant sur la concession, d'après un recensement fait de trois en trois ans. En ce cas, le concessionnaire sera considéré comme percepteur d'impôt, sur la concession, pour le compte de la Compagnie.

Art. 28.

Les difficultés qui pourront survenir entre le concessionnaire et les indigènes établis sur sa concession seront jugées par le chef de la circonscription.

CHAPITRE V

De l'occupation provisoire. Dispositions communes aux trois classes de terrains.

ART. 29.

L'occupation provisoire de parcelles de terrain n'excédant pas 2 hectares (20,000 mètres carrés) est autorisée, moyennant l'observation des prescriptions des articles qui suivent.

ART. 30.

Tout individu, national ou étranger, qui veut occuper à titre provisoire une parcelle de terrain, fait une demande au chef de la circonscription rédigée comme ci-dessous :

Noms et prénoms. . . . . . . sujet. . . . . . . désirant occuper à titre provisoire. . . . . . . mètres carrés de terrain situés. . . . . . . m'engage à payer la rétribution que vous fixerez et à respecter les lois et règlements en vigueur.

ART. 31.

L'agent de la Compagnie à qui la demande aura été remise la fera enregistrer sur un livre spécial, et l'enverra au géomètre pour savoir si le terrain est disponible ou non.

ART. 31.

Si la parcelle est disponible et n'est pas réservée pour un service public, l'agent autorisé de la Compagnie accordera la demande en consignant sur l'acte l'importance de la rétribution à payer annuellement par le requérant et qui ne sera pas inférieure à 10 reis par mètre carré pour le terrain bâti, et à 5 reis par 100 mètres pour celui destiné à l'agriculture.

ART. 33.

S'il n'y a pas de géomètre dans la localité, le bureau de la Compagnie fera le nécessaire pour savoir si le terrain demandé est disponible ou non.

Art. 34.

Le requérant pourra exiger, moyennant 2,250 reis, un certificat constatant le jour et l'heure où il aura déposé sa demande.

Art. 35.

En remettant sa demande, le requérant recevra un imprimé en double pour aller payer immédiatement à la recette de la circonscription le montant de sa redevance d'une année.

Art. 36.

Le duplicata de l'imprimé sur lequel aura été mentionné que le payement a été fait, sera remis à l'intéressé, qui le présentera au bureau de la Compagnie, et recevra un reçu en échange.

Art. 37.

Porteur de ce reçu, l'intéressé pourra occuper immédiatement le terrain.

Art. 38.

La redevance payée ne sera jamais restituée en tout ou en partie, même si le requérant n'utilise pas le terrain.

Art. 39.

Si le requérant n'a fait aucune amélioration au terrain dans un délai de trois mois compté de l'acte d'autorisation, ce terrain sera considéré comme libre et la Compagnie pourra en disposer sans que le concessionnaire ait droit à aucune indemnité ou restitution.

Art. 40.

Les terrains concédés à titre provisoire ne peuvent être ni cédés ni sous-loués, en tout ou en partie.

ART. 41.

L'occupation provisoire d'un terrain donne à l'occupant le droit d'option pour en obtenir la concession définitive, si un tiers ne prouve pas avoir des droits antérieurs aux siens.

ART. 42.

Si le terrain n'est pas distant de plus de 10 kilomètres du siège de la circonscription, l'autorité locale en fera faire la mensuration, avec une tolérance de 20 mètres carrés.

ART. 43.

Si la distance est supérieure à 10 kilomètres, la mensuration pourra être reculée jusqu'à la concession définitive.

ART. 44.

Toutes les demandes seront enregistrées dans les secrétariats des circonscriptions sur des livres *ad hoc*.

ART. 45.

Elles le seront également au bureau du cadastre.

ART. 46.

Copies de tous les reçus délivrés conformément à l'article 36 seront envoyées au bureau du cadastre par les chefs des circonscriptions, en temps opportun.

Au Palais, le 2 juillet 1892.

Signé : **Francisco-Joaquim-Ferreira do Amaral.**

TABLE DES MATIÈRES

Pages

INTRODUCTION 1

CHAPITRE PREMIER. — **Le Pays d'Ophir** 7

CHAPITRE II. — **La Colonisation portugaise** 17

CHAPITRE III. — **Géographie** : Limites 28
Le Littoral 28
Le Zambèze 31
Le Pungue 34
Le Busi 36
Le Gorongosi 38
Le Sabi 39
Rivières secondaires 41
Chaînes de montagnes 42
Voyage à travers le pays de Gaza, par Denis Doyle 43
Climat 48
Productions du sol, cultures, forêts 49
Faune 54
Population 55
Article publié dans la *Fortnightly Review*, par M. F. C. Selons 60

CHAPITRE IV. — **Champs d'or** 67
Rapport de M. de Llamby, ingénieur des Arts et Manufactures 68
Placers autour de Massikesse 73
Placers aux environs de Chua 75
Concessions démarquées dans la vallée du Mutari 79
Filons de la Compagnie de Mozambique 80
Notes sur les filons de Manica 83

Pages

Rapport de M. Mourgues, ingénieur des Arts et Manufactures.......... 86
Croquis des régions de Massikesse et du Mutari.. 89
Les mines d'or du Transvaal.......... 94
Article publié dans l'*Economiste Français*, par M. J. M. Bel, ancien élève de l'Ecole Polytechnique, ingénieur civil des mines...... 95

CHAPITRE V. — **Voies de communication**.......... 104
Voies fluviales.......... 104
Chemin de fer.......... 105
The Beira Railway Company Limited.... 109
Paquebots-Poste desservant les ports et la côte du pays de Manica et Sofala.......... 114

CHAPITRE VI. — **La Compagnie de Mozambique**.......... 117
Rapport du Conseil d'administration de la Compagnie de Mozambique présenté à l'Assemblée générale des actionnaires, le 14 mars 1889.. 121
Décret de concession du 20 décembre 1888.... 127
Contrat du 2 juillet 1888.......... 128
Concessions minières de la vallée du Mutari... 130

CHAPITRE VII. — **Décrets, Statuts et Règlements**.......... 132
Charte royale octroyée par le décret du 11 février 1891.......... 132
Statuts de la Compagnie de Mozambique...... 148
Règlement pour la recherche, la concession et l'exploitation des pierres et métaux précieux, et des mines en général, sur le territoire de la Compagnie de Mozambique.......... 168
Règlement pour la concession de terrains à titre de possession ou d'occupation provisoire sur le territoire de la Compagnie de Mozambique.......... 182

Paris. — IMP. DES ARTS ET MANUFACTURES ET DUBUISSON, 12, rue Paul-Lelong. — 8860-92.

www.ingramcontent.com/pod-product-compliance
Ingram Content Group UK Ltd.
Pitfield, Milton Keynes, MK11 3LW, UK
UKHW020242250726
13967UKWH00004B/1492